元審判官が教える!!
国税・地方税の審査請求の実務
知って得する審理プロセス

共著 　税理士　佐藤善恵 ｜ 弁護士　塩津立人

ぎょうせい

はじめに

　本書は，新しい行政不服審査法が施行された頃に連載を開始した「税理士も知っておきたい！不服申立ての実務とリーガルマインド（月刊税理）」の内容を取りまとめたものがベースになっています。

　不服申立ての段階，つまり，処分を争う時点では，当然ながら税務調査は既に終わっているわけですから，不服申立ての実務がなぜ税務調査に役立つのかと思われることでしょう。しかし，課税庁と納税者の間において事実関係を巡って争いがあるケース，判断の分岐点が法解釈であって限界事例といえるようなケース，あるいは，調査担当者が理不尽な対応をとるようなケースでは，それぞれのケースの違いを理解した上で，「万一，課税庁と争いになった場合どこがポイントになるのか」を意識して調査対応に当たることは非常に重要です。また，そのような態度が調査担当者に伝わることによって，理論的かつ冷静な調査の進行が期待できるともいえます。

　さて，本書の大きな特徴としては，国税に関する不服申立てのみならず，地方税等に関する地方公共団体に対する不服申立て，つまり行政不服審査法全般について触れている点が挙げられます。行政不服審査法の改正によって，従前は非公開であった地方公共団体における審査請求事件の裁決や答申が公表されるようになり，第三者機関の委員に委嘱される専門家が増加し，また，地方公共団体における審査請求の事務担当者も新しい手続きに携わるようになりました。その意味において地方税等に関する審査請求については，納税者（代理人）側も行政庁側も，学ぶべきことは多くあります。そこで，本書は，地方公共団体における審査請求についても最新の事例を取り上げながら基礎知識の解説を試みました。初めて国税や地方税の審査請求について学ぶ方にはやさしい内容になっています。

　税に関する不服申立てについていえば，税理士と弁護士の両方の目線が必須になります。本書の共著者である弁護士の塩津立人先生には，国税不服審判所で同勤させていただき，多くの学びをいただきました。そして，退官後もこのように共著という形でさらなる学びや気づきをいただきましたこと心より御礼

申し上げます。

　今般の書籍化に伴い，我々執筆者は，各自の目線で新たな原稿を加えました。さらに，データを最新のものに差し替えたり，図表を加えるなどして読みやすく工夫いたしました。基本的には連載を取りまとめたものですから，どの項目から読んでいただいても読めるようになっています。また，用語（索引）から本文を選んで読むことも可能です。

　本書が，税の分野を中心とした不服申立てに関わる皆様のお仕事に少しでもお役に立てば幸いです。

　　　　　平成30年10月

　　　　　　　　　　　執筆者を代表して　　税理士　**佐藤　善恵**

凡　例

民訴　………………民事訴訟法

行訴法………………行政事件訴訟法

国通　………………国税通則法

国徴　………………国税徴収法

保護法………………生活保護法

行審法………………行政不服審査法

所法　………………所得税法

法法　………………法人税法

相法　………………相続税法

国令　………………国税通則法施行令

不審通………………不服審査基本通達

※本書において，カッコ内における法令等については，上記の略称を使用しています。

［表記例］
行審法46②二………………行政不服審査法第46条第2項第2号

―目　次―

第1部　基本知識編

1　「不服申立て」って何？……………………………………2
2　行政法について……………………………………………8
3　「違法」とは…………………………………………………12
4　「不服」とは…………………………………………………18
5　審査請求の特徴……………………………………………24
6　地方公共団体に対する不服申立て①……………………30
6－2　地方公共団体に対する不服申立て②………………33
7　不服申立て準備における留意点…………………………39
8　送達…………………………………………………………45

第2部　国税・地方税の審査請求編

1　国税に関する不服申立ての流れ…………………………52
2　国税不服審判所における事件審理………………………55
3　地方公共団体における事件審理…………………………68
4　固定資産税に関する処分についての審査請求事例……75
5　不動産登記に関する処分についての審査請求事例……85
6　滞納処分等に対する不服申立て①………………………92
6－2　滞納処分等に対する不服申立て②…………………102

第3部　審理プロセス編

1　主張の組み立て方・検討の仕方（理由附記不備の主張を例に）…110
2　質問応答記録書などの内容確認…………………………120
3　事実認定と立証責任………………………………………126
4　口頭意見陳述………………………………………………132

第4部　実務応用編

　1　争点整理表と法的三段論法 ……………………………………140
　2　調査担当者の主張する事実に事実誤認等がないか ……………147
　3　税務調査対応〜不服申立て対応を踏まえて〜 …………………156
　4　審理のための調査 ……………………………………………160
　5　税務訴訟① ……………………………………………………164
　5－2　税務訴訟② …………………………………………………169

第5部　様式編－国税不服審判所における各種様式－

・書類の送達先を代理人とする申出書 ……………………………176
・総代の選任（解任）届出書 ………………………………………177
・担当審判官の指定通知 ……………………………………………178
・反論書及び証拠書類等の提出について …………………………179
・「証拠説明書」と記載例 …………………………………………180
・口頭意見陳述の申立書 ……………………………………………182
・閲覧等の請求書 ……………………………………………………183
・質問，検査等を求める旨の申立書 ………………………………184
・審理の状況・予定表 ………………………………………………185
・争点の確認表 ………………………………………………………187
・審査請求の取下書 …………………………………………………189

　　索引 ………………………………………………………………190

第1部

基本知識編

第1部　基本知識編

 # 「不服申立て」って何？

> 　平成28年の4月1日に行政不服審査に関する改正法が施行されたことによって，「不服申立て」の関連情報は，私たちの周りに溢れるようになってきました。しかし，「不服申立て」の実務を実感として捉えることは難しいのではないでしょうか。
> 　ここでは，そもそも「不服申立て」とは何か，そして，改正前後の制度，行政不服審査法と国税通則法における制度の違いについて解説します。

　行政不服審査法は全部改正されて，平成26年6月13日に公布，平成28年4月1日に施行されました。それに伴い国税通則法の不服申立制度に関する部分も「行政不服審査法の施行に伴う関係法律の整備等に関する法律」によって改正され，同法も今年の4月1日から施行されています（4月1日以後にされた「処分」について適用されています。）。

　ここでは，それぞれ単に「改正前」，「改正後」と呼びます。

１　「不服申立て」は広い概念

　「不服申立て」という言葉を法律用語辞典で調べてみますと，次のようにあります。
① 訴訟法上，裁判，裁判所の処分等によって不利益を受ける者がその裁判，処分等の取消しまたは変更を求めてする申立て。
② 行政法上，違法又は不当な行政処分その他公権力の行使に当たる行為について行政庁（下記 3 ①）に対しその取消し又は変更を求めてする申立て。

　つまり，「不服申立て」は，広義では，裁判所に対するものと行政庁に対するものを指すということです。

1 「不服申立て」って何？

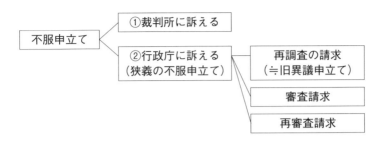

そして、②の行政庁に対する不服申立てに関しては、行政不服審査法が原則的な手続きを定めているのですが、その特例を定めている個別法は約360本（例えば、農地法、建築基準法、国民年金法、電波法、生活保護法など）の分野に及んでおり、国税通則法は、その中の一つに過ぎません。各個別法は、それぞれの分野の特徴を見据えた制度を規定しています。

行政不服申立ての全般的な事項は、行政不服審査法が規律していますから、行政不服審査法と各個別法は、「一般法」と「特別法」の関係にあるということができます。

(Word)「一般法」と「特別法」
一般法とは、広く一般的に適用される法律のことをいいます。これに対して特別法は、特定の事項について一般法よりも優先して適用されます。 国税通則法と行政不服審査法の関係は、前者が特別法で後者が一般法です。 国税に関する法律に基づく処分に対する不服申立てについては、国税通則法等に別段の定めがない場合は、行政不服審査法が適用されることになります。

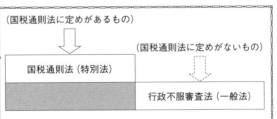

国税徴収法の第8章にも国税に関する不服申立てに関する規定があります。この場合は、国税徴収法が特別法で国税通則法が一般法という関係になります。特別法と一般法の関係は相対的なものであり、××法と〇〇法の関係で、〇〇法が特別法であったとしても、〇〇法と△△法の関係では、△△法が特別法になることもあります。

第1部　基本知識編

 「不服申立て」と「審査請求」

　行政不服審査法と国税通則法が規定する「不服申立て」は，全くといってよいほど異なる制度です。その理由は，課税処分等が専門的かつ大量反復的に発生するものであることから，行政部内で一定の解決を図り，裁判所の負担軽減や税務行政の統一的運用に資するためとの趣旨によるものです。

　そこで，「不服申立て」の内容について，行政不服審査法に基づくものと国税通則法に基づくもの，それぞれについて新旧の制度を簡単にご説明します。

① 行政不服審査法が規定する改正前の不服申立制度

　改正前の不服申立て制度は，「異議申立て」「審査請求」「再審査請求」から構成されていました。

　改正前の制度である「異議申立て」は，処分庁または不作為庁に対する不服申立てのことです。一方，「審査請求」とは，処分庁または不作為庁以外の行政庁（通常は上級行政庁）に対する不服申立てを指します。改正前，「処分」についての不服申立ては審査請求が原則で，「不作為」に関する不服申立ては「異議申立て」と「審査請求」の選択性とされていました。また，審査請求の後の不服申立てとして「再審査請求」という制度が例外的に認められていました。

改正前 「処分」についての不服申立て

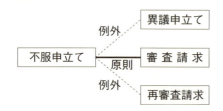

② 行政不服審査法に基づく現在の不服申立制度

　現在，不服申立ては審査請求に一本化されています。そして，例外的に，個別の法律で認められている場合に限り，「再調査の請求」や「再審査請求」をすることができるとされています（行審法5①，6①）。

　改正前は，処分庁または不作為庁以外に対して不服を申立てるものを「審査請求」と位置づけていましたが，現在は，処分庁に対して審査請求をする分野

1 「不服申立て」って何？

もあります。

改正後 「処分」「不作為」についての不服申立て

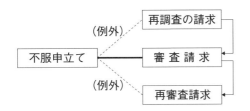

〔審査請求に一本化された理由〕

旧行政不服審査法のもとでは、処分庁に上級行政庁がないときは、異議申立てだけしかできず、審査請求をすることができませんでした。

しかし、異議申立ては、審査請求に比べて手続保障が十分ではありません。例えば、異議申立てには証拠の閲覧制度がありません。不服申立人にとって、その処分庁に上級行政庁があるかどうかという偶然の事情で審査請求という手続きが利用できない状況が生ずるのは不合理だという理由から、不服申立ては審査請求に一本化されたのです。

③　国税通則法に基づく改正前の不服申立制度

改正前は、処分をしたのが税務署長か、あるいは国税局長等かによって、基本的に不服申立先が異なっていました。

例えば税務署長のした処分に不服がある場合には、原則として「異議申立て」を経てから、国税不服審判所長に対して「審査請求」を行うこととなっていました。

改正前 「国税に関する法律に基づく処分」についての不服申立て

④　国税通則法に基づく現在の不服申立制度

現在は、税務署長、国税局長又は税関長が行なった処分については、それら

の処分庁に対する「再調査の請求」か，国税不服審判所長に対する「審査請求」かを自由に選択することができます。ただし，「再調査の請求」を経由する場合は，「審査請求」を経てからのみ裁判所に訴えることができます。

②で述べたとおり，行政不服審査法は，不服申立てを審査請求に一本化しましたが，個別の法律（国税通則法）に再調査の請求をすることができる旨の定めがありますので（国通75），国税通則法のもとでは，再調査の請求が認められています。他方，国税通則法に定めのない「再審査請求」はすることができません。

改正後 「国税に関する法律に基づく処分」についての不服申立て

3 用語の意義

① 行政庁

行政庁とは，行政処分などの行為を自己の名において対外的に行う権限を持っている行政機関のことです。

例えば，所得税の更正通知書には，その処分を行なった〇〇税務署長などの名前が記載されています。あるいは，自動車の運転免許証には，△△県公安委員会と記載されています。これらの行為者，つまり，自然人またはその合議体（複数の構成員の合議で意思決定をする組織体のこと。）が「行政庁」です。

なお，国の機関だけを指すときは「行政官庁」と呼ばれますが，地方公共団体の機関も含める場合は「行政庁」といいます。

② 処分

最高裁判決（最高裁昭和39年10月29日判決）は，「処分」について「公権力の主体たる国または公共団体が行う行為のうち，その行為によって，直接国民の権利義務を形成しまたはその範囲を確定することが法律上認められているものをいう」としています。

「処分」概念は，多義的なため，これにあたるかどうかをめぐって争いにな

ることもあります。

　なお，処分を行なった行政庁のことを「処分庁」あるいは「原処分庁」といいます。

③ 不作為

　不作為とは，法令に基づく申請に対し，相当の期間内になんらかの処分その他公権力の行使に当たる行為をすべきにかかわらず，これをしないことをいいます。例えば，更正の請求をしたのに，相当の期間内に処理がされなかった場合には，不作為を理由として審査請求をすることができます。もっとも，国税についての不作為の審査請求については，国税通則法には「国税に関する法律に基づく処分」について定めがあるのみで，不作為に関する定めがありませんから，一般法である行政不服審査法が適用されることになります。

　つまり，税務署長や国税局長の不作為については，国税不服審判所長ではなく，国税庁長官に対して，審査請求をすることになります（行審法4④）。

　なお，その不作為に係る行政庁のことを「不作為庁」といいます。

④ 上級行政庁

　上級行政庁の意義については，市の行なった都市計画決定に関して，都道府県知事が市の上級行政庁に当たらないということが判断された事例において，裁判所は，「行政組織ないし行政手続上において処分庁の上位にある行政庁であって，その行政目的達成のため，当該行政事務に関し，一般的・直接的に処分庁を指揮監督する権限を有し，処分庁が違法又は不当な処分をしたときは，これを是正すべき職責を負い，場合によっては，職権を以て当該処分の取消・停止をなし得るものである（大阪高裁昭和57年7月15日判決）。」と判示しています。

> **実務のポイント**
> 1．行政不服審査制度は，国税だけでなく地方税，社会保険，生活保護など様々な行政分野における国民の権利利益の救済手段である。
> 2．国税に関する法律に基づく処分等は，専門性が高く多量反復的に生ずる。そのために，国税の不服申立制度は特別な設計となっている。
> 3．「行政庁（行政官庁）」は，日常用語では役場そのもの（建物や組織）を指すことが一般的だが，法的には自然人（またはその合議体）のことを指すこともある。

第1部　基本知識編

行政法について

> 私たち税理士が日常的に触れる課税処分は，行政処分の一種ですから，行政法の一般的な論理が適用されます。その意味では，行政法の基本的事項は，税理士としては，ぜひ知っておきたいことです。

1 「行政法」という法律はない

「行政法」とは，行政に関する一連の法律の総称です。例えば「行政不服審査法」，「行政手続法」，「行政事件訴訟法」などの「行政」と名前がつく法律がこれに当たります。また，その他にも行政法の性格を持つ法律は，約2,000本弱あるとされています。例えば，道路交通法，建築基準法，都市計画法などもその一例です（なお，道路交通法などには罰則も定められていますので，刑事法の性格も併せ持っているといえます）。

```
           ┌ 行政組織法…行政組織について定めた法律
           │           （内閣法，国家行政組織法等）
　行政法 ──┼ 行政作用法…行政と私人間の行政活動について定めた法律
           │           （建築基準法，食品衛生法等）
           └ 行政救済法…行政の活動により私人の権利利益が侵害された，又
                       はされそうになったときに私人の救済を図る法律
                       （行政不服審査法，行政事件訴訟法，国家賠償法等）
```

◆主な法律の特徴
- 行政事件訴訟法……行政事件に関する訴訟の一般法です。違法な行政活動を裁判で是正するための訴訟（いわゆる税務訴訟等）について規定しています。
- 行政不服審査法……行政上の不服申立てに関する一般法です。行政庁の違法又は不当な処分その他公権力の行使に当たる行為に関する不服申立てについて規定しています。
- 行政手続法……行政が一定の活動をするに当たって守るべき共通のルールを定めています。行政運営における公正の確保と透明性の向上を図り，国民の権利利益の保護に資することを目的とした法律です。

一般に、行政法は「行政組織法」、「行政作用法」、「行政救済法」の三類型に区分されますが、これら三つの「〜法」も、具体的な法律の名称ではなく区分名です。

また、行政法の法源（一般には、法的判断基準となるものをいい、成文法と不文法に大別することができます。）には、憲法、法律だけでなく行政機関が「命令」と呼ばれる形で制定するルールも含まれます。

この「命令」とは、国の行政機関が制定する法の形式を指しますが、この「命令」の代表例としては、内閣が制定する「政令」と各省大臣が制定する「省令」とがあります。具体的には「法人税法」に関していえば、「政令」は「法人税法施行令」で、「省令」は「法人税法施行規則」です。

また、地方レベルになると、地方公共団体の議会が制定する「条例」や地方公共団体の長などが制定する「規則」がこれに当たります。

なお、「法律」と「命令」を併せたものを「法令」といい、「条例」や「規則」を含めて「法令」というときもあります。

> **Column** 「法律」と「法」
> 「法律」というのは成文法のことで、広義では憲法や命令も含みますが、法律の世界では通常、国会で成立して天皇が公布した「法律」（多くは「×××に関する法律」という名称が付けられます）を意味します。
> 一方、「法」というのは概念的なもので、ある程度、社会的に通用しているルール（道徳、慣習、伝統等）を意味することもあります。

なお、「行政手続法」は、上記三類型のいずれにも入りません。同法は、行政機関の手続（主に事前手続）に関するものであって、事後手続を定めるものではないため、行政手続法には分類されません。また、行政活動そのものに関するものではないので、行政作用法にも分類されません。

❷ 行政処分の効力

例えば、営業停止命令は、その通知によって営業を停止する義務が生じ、課税処分の場合は、その通知書が送付されることによって効力が生じます。

しかし、適法なことを前提に行われた行政処分が、実際には違法であった場合、その効力は生じるのかという問題があります。これについては、違法な処

分であっても，その処分が取り消されるまでは一応有効なものと取り扱われるというのが原則です（これを，行政処分の「公定力」といいます）。

この「公定力」のために，税務署長が課税処分を行えば，納税者がそれを違法だと考えていたとしても，その処分は有効なものと扱われ，税務署長には，次の段階として滞納処分を行うことが認められるのです。

行政処分には，公定力の他に，次に示していくような効力があるとされています。

なお，不服申立てに対する「決定」や「裁決」も行政処分の一種です。

- **執行力（しっこうりょく）**……「自力執行力」ともいいます。行政処分によって課された義務を相手方が自ら履行しないときに，行政庁が強制執行できる効力のことです。例えば，国は，課税処分によって具体的に確定した租税債権について，国税徴収法に基づき差押処分という強制執行を図ることができます。

  この点，私人間において債権回収を行う場合は，裁判を経ずに自力で強制執行することはできません。執行力は，行政に認められた特別な効果だからです。執行力は，行政目的を早期に実現するとの趣旨から認められているものです。

- **不可争力（ふかそうりょく）**……行政上の不服申立ての申立期間や取消訴訟の出訴期間が経過した場合，国民は不服申立てや取消訴訟を提起することはできません。違法な処分であっても，期間を徒過すれば争うことはできないということです。ただし，行政処分の無効確認訴訟（行訴法3④）は出訴期間を徒過しても提起することはできます。なお，処分の無効については，❸❸②で詳しく触れています。

- **不可変更力（ふかへんこうりょく）**……処分庁がその処分に違法があったことを認識した場合，自らその処分を取消すことはできますが（職権取消し），行政上の不服申立てに係る結論である「決定」や「裁決」などの行政処分は，その結論を出した行政庁自らの職権によって取り消すことはできません。つまり，国税不服審判所長の裁決は，国税不服審判所長自らが取消すことはできないのです。このような拘束力のことを一般に「不可変更力」と呼んでいます。

> **Column**　「行政行為」の概念－「法行為」か「事実行為」かによる区別
>
> 「行政行為」に当たるか否かについては，「権力的行為」か「非権力的行為」かなどの複数の指標が用いられますが，次の「法行為」か「事実行為」かという指標もその一つです。
> ①法行為…相手方である国民の権利や義務の変動を内容とする行為です。例えば，課税処分などの義務を課す行為や，社会保険の給付決定など権利を設定する行為などがこれに当たります。
> ②事実行為…国民の権利義務に変動をもたらすことを内容としない行為です。行政指導などがこれにあたります。

＜主な参考文献＞
・宇賀克也『行政法概論Ⅱ［第5版］』有斐閣
・芝池義一『行政法読本［第4版］』有斐閣
・高木　光『プレップ行政法』弘文堂
・法令用語研究会『法律用語辞典』有斐閣

実務のポイント☞

1．「行政法」とは，行政に関する法律をまとめて呼ぶときの総称である。
2．行政処分は，たとえ違法な処分であっても，その処分が取り消されるまでは一応有効なものとして取り扱われる。
3．行政処分には，個人と個人の間ではみられない特殊な効力が認められている。

第1部 基本知識編

3 「違法」とは

　日常用語では，「違法」は，「不法」や「非合法」と同じような意味で使われているようです。
　しかし，行政法の世界では，法令に違反する処分を「違法」な処分として取消しの対象としています。ここでは，「不法」とも「非合法」ともいいません。今回は，この「違法」を掘り下げます。
　また，税法に書いてある（明文）規定以外の理由で，課税あるいは滞納処分が「違法」だとして争われるケースがあります。この点についても解説します。

1　実体の違法と手続の違法

① 概　　説

　行政処分の「違法」には，大きくわけると，二つのパターンがあります。「実体の違法」と「手続の違法」です。
　実体の違法とは，行政機関の判断の結論が法令に違反していることをいいます。つまり，誤って更正処分をされてしまったような場合をいうのですが，その原因には，事実認定の誤り（いわゆる「事実誤認」），法令解釈・適用の誤り，裁量権の濫用（②参照）があります。
　一方，手続の違法とは，「手続そのもの」が，法令に反していることをいいます。理由附記不備による課税処分の取消しなどは，その一例です。もっとも，手続の違法（不備）が処分の取消事由に当たるかどうかは，手続不備の程度に

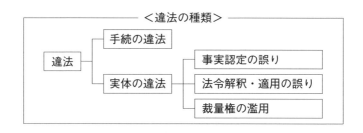

12

よるという考え方が支配的ですので，軽微な手続違法が直ちに処分の取消し（違法）につながるとは解されていません。

租税行政における処分については，内容（実体）的に適法であれば手続に違法があろうと問題はないという考え方もあり得ますが，手続の違法は実体の違法とは別個の独立の取消原因になると解されています。適正手続が要請されるのは，処分庁の判断が慎重で合理的に行われることを担保するためであり，適正な手続で処分しなおせば処分内容が異なったものとなることは十分にありうるからです。

こういった公法の世界では，特に「手続」が重視されます。たとえば，刑事訴訟において違法に収集された証拠が排除されるという考え方が採用されていることは，その一例です。

* 平25.3.28裁決
  青色申告の承認の取消処分に係る通知書に記載された理由からは，いかなる事実が取消事由に該当するのか了知し得るものとはいえないから，理由附記に不備がある。

② 裁量権の濫用

行政庁の裁量処分については，裁量権の範囲を超えまたはその濫用があれば，裁判所はその処分を取り消すことができます（行訴法30）。裁判所は，違法な処分のみを取り消すことができるのですが，裁量権の逸脱や裁量権の濫用も，違法またはそれに準ずるものとみなして取り消すことができるのです。なお，裁量の逸脱なのか，裁量権の濫用なのかを厳密に区分することは難しいので，ここでは便宜上まとめて「裁量権の濫用」と呼ぶことにしています。

税務署長に裁量が認められている処分としては，たとえば，青色申告の承認取消処分（所法150，法法127）があります。この場合，裁量権の範囲を超え又はその濫用があれば，その処分は違法として審判所や裁判所で取り消されることになります。

ところで，この論点に関して触れておきたいこととして，審判所つまり行政上の不服申立てでは，「違法」な処分のみならず，「不当*」な処分も取り消すことができるという点があります（行審法1①）。もちろん，裁量権の認められていない処分については，「不当」を争う余地はありません。

＊ 違法と不当

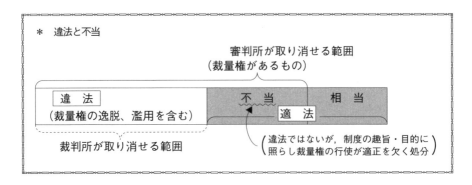

> **Column** 「裁量権の濫用」という主張
>
> 税務署長の裁量が認められていない処分について，納税者が「裁量権の濫用」を違法理由として主張するケースがあります。しかし，裁量権の濫用という議論に入るためには，前提としてその処分について税務署長の裁量権が認められなければなりません。このような場合，審判所は，議論に入る必要がない主張という意味で「主張自体失当」（主張自体が成り立たないという意味です）とか「主張の前提を欠く」という判断（応答）をすることになります。

❷ 一般法原則

　「△法●●条×項」といった明文の規定ではない不文の法を根拠に，処分の違法が争われることがあります。このようなものを「一般法原則」と呼んだりします。その代表的なものは，信義則（信義誠実の原則）です。信義則は，私法（民法など）と公法（行政法など）を通し，広く適用される原理です。

　たとえば，歯科医であるAさんが，新規開業するために分譲マンションの一部屋を購入するために売主と交渉をしていたとします。契約交渉が順調に進んでいるので，Aさんは，売買契約を締結する直前に，店舗の内装工事を工務店に依頼しました。ところが，正式な契約を締結する前に売主から突如キャンセルを申し渡されました。そのため，Aさんは，内装工事を中止し工務店に違約金を支払わねばならなくなりました。

　契約成立前ですから，キャンセルは基本的には自由です。しかし，そのキャ

ンセルによって，Ａさんは，工務店に対する違約金の支払いという損害を被りました。Ａさんは，泣き寝入りするしかないのでしょうか。

一般的に，当事者が契約が成立することに正当な期待を抱くような段階に至った場合，当事者には契約成立に対する信頼を正当な理由なく侵害してはならないという「信義則上の義務」が生じます。したがって，Ａさんは，売主がこの「信義則上の義務」に違反したとして，損害賠償を求めることができる可能性があります。

税法の領域においても信義則は適用されますが，信義則の適用を認めることとで，合法性の原則（租税法律主義の内容の一つ）に反する結果を招くことが考えられます。したがって，合法性の原則を犠牲にしてもなお，納税者の信頼を保護すべき場合には信義則の適用が肯定されると解されています。結局のところ，信義則違反による取消しのハードルは相当高いのです。

(参考) 課税処分について信義則が主張されたケース

〔裁決要旨（平10.12.11名裁（諸）平10－35）〕
　請求人は，相談時と調査時で原処分庁の見解が異なるから本件更正処分は信義則違反である旨主張するが，信義誠実の原則の法理は，法適合性の要請に優先してまで納税者の利益を保護することが正義，公平の見地から真にやむを得ないと認められる場合に限り適用されることから，本件更正処分が信義則違反の処分として取り消されるべきであるものとは認められない。

第1部 基本知識編

3 違法性の承継

① 先行処分と後続処分

　更正処分がされると，その処分に係る税額に関して納税義務が確定します。仮に，その更正処分が違法であったとしても，公定力（⇒本書 2 2 参照）により，その処分は取り消されるまでは一応有効なものとして扱われますから，税務署長は，その更正処分が取り消されない限りは，後続の処分（滞納処分）に進むことになります。

　以上のような状況で，納税者が更正処分及び滞納処分のそれぞれについて取消しを求めて争う場合，ときに，納税者は，滞納処分の取消理由として，先行する更正処分の違法を主張することがあります。しかし，滞納処分の取消しを

（イメージ；後続処分の取消を求める理由として有効な主張か）

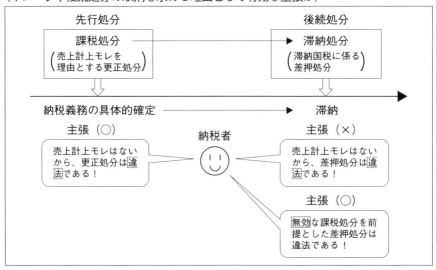

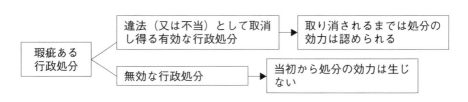

求める争いにおいて先行する課税処分の違法は，原則として滞納処分の取消理由にならないと解されています。これを「違法性の承継」はないと表現します。

② **課税処分の無効**

　違法な処分であっても出訴期間や不服申立期間を経過すると，取消しを求めて争うことができなくなります。

　しかし，処分の相手が間違えられたなど，違法の程度がひどい場合（＝行政処分に重大（かつ明白）な瑕疵があった場合），その処分の効力は無効な処分として否定されます。このような無効な処分には，公定力，不可争力，自力執行力などの法的効果は生じませんから，違法性の承継の問題は生じません。つまり，先行する課税処分の無効は，後続する滞納処分の違法理由となり得ます。

（行訴法＝行政事件訴訟法）
（行審法＝行政不服審査法）

‥‥ 実務のポイント ☞ ‥‥

1．処分の内容（実体）の違法とは別に，処分の手続違法を理由として争うことができる。ただし，軽微な手続違法が直ちに処分の取消しにつながるものではない。
2．一般法原則に反することを理由に，処分の取消しを争うことができる。ただしハードルは相当高い。
3．課税処分の違法を理由に滞納処分の取消しを主張しても無駄である。滞納処分の取消事由とするには，課税処分の無効事由を主張する必要がある。

4 「不服」とは

　一般用語でいうと「不服」も「不満」もよく似たものですから，審判所は「不満」を言うための所と思われているケースがあるようです。
　もちろん，単なる「不満」に聞こえる主張であっても法的な主張が含まれていることがありますから，審判官は，請求人の主張をよく聞いて法的主張への整理を試みるでしょうが，専門家としては，不服申立てでいう「不服」と「不満」は違うということは，押さえておきたいポイントです。
　「不服」の申立ては，一定の「処分」である必要があり，その「処分」を行うために必要な要件を満たしているかどうか等がまさに争点になることがあります。そして，税務調査に対応する際にもこの「処分」とは何か，「争点」は何かといった視点を持つことは，納税者の主張を明確化することにも役立ちます。

1　法律が規定する「処分」の意味

　行政不服審査法（行審法）第1条第2項は，次のように規定しています。

> 　行政庁の処分その他公権力の行使に当たる行為（以下単に「処分」という。）に関する不服申立てについては，他の法律に特別の定めがある場合を除くほか，この法律の定めるところによる。

　一方，国税通則法（通則法）第75条第1項は，次のように規定しています。

> 　国税に関する法律に基づく処分で次の各号に掲げるものに不服がある者は，当該各号に掲げる不服申立てをすることができる。

　「処分」という言葉は同じですが，行審法と通則法では，その範囲に少し違いがあります。行審法上の「処分」には，不作為や継続的性質を持つ事実行為が含まれます。たとえば，不法入国者を強制退去させる際の収容や，物件の留

> **Column**
> 最高裁判決(昭和39年10月29日最高裁第1小法廷判決)は,「処分」について「公権力の主体たる国または公共団体が行う行為のうち,その行為によって,直接国民の権利義務を形成しまたはその範囲を確定することが法律上認められているもの」としています。つまり「処分」とは,不利益なことばかりではなく,自動車免許の付与や納税義務の免除など国民に権利を与える行為も「処分」に当たるのです。また,「許認可の申請を拒否」する行為や,「営業停止」などの不作為義務を課す行為も「処分」になります。

置き(通則法74の7)といった行為などが,継続的性質を持つ事実行為に当たります。

一方,通則法の「処分」には,事実行為は含まれていません(参考:不審通75−1(4))。したがって,税務官庁の事実上の行為(物件の留置きなど)や不作為(納税者の法令に基づく申請に対して相当の期間内に応答しないことなど)についての不服申立ては,一般法である行審法が適用されることになります(参考:不審通80−2)。

なお,職員が留め置いた物件の返還請求をした場合における返還拒否は,通則法の「処分」です(参考:不審通75−1(5))。

❷ 不服申立適格

「不服申立適格」とは,不服の申立てをしている当事者に,そもそも申立て当事者となる資格があるのかということです。つまり,不服申立ての対象となる「処分」はあっても,申し立てる側にその資格がなければ,やはり,その不服申立ては「不適法」となります。この「不服申立適格」という概念も多義的ですので,これに当たるかどうかで争いになることがあります。

行政事件訴訟法第9条や裁判所の解釈によれば,不服申立適格とは,<u>「当該処分について不服申立てをする法律上の利益がある者,すなわち,当該処分により,自己の権利もしくは法律上保護された利益を侵害されたまたは必然的に侵害されるおそれのある者」</u>です。

なお,この概念は,「当事者適格」と表現されることや,訴訟の場合は,「原告適格」という言葉が使われることもあります。

第1部　基本知識編

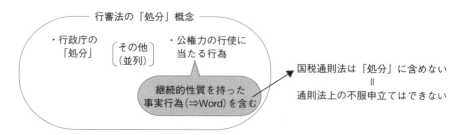

> <Word>　事実行為
>
> 　事実行為とは，人の意思表示に基づかないで，法律上の権利義務の変動が生じる行為のことです。代表的なものの一つに，遺失物の拾得（民240）が挙げられます。落し物を拾った人は，一定期間が経過するとそのモノの所有権を取得することになりますが，拾った人は，そのモノの「所有権を取得するぞ」という意思表示に基づかなくても所有権を取得することになります。つまり，「拾った。」という「事実行為」によって，結果的にそのモノの所有権が変動します。これが「事実行為」です。
>
> 　「事実行為」に対する言葉は「法律行為」です。例えば，モノを購入する契約は，その所有権を取得しようという「意思表示」に基づいていますから，売買は，「法律行為」であって「事実行為」ではないということになります。

　不服申立適格に関する代表的な行政事件として，頻繁に取り上げられるのは「主婦連ジュース事件（昭和53年3月14日最高裁第3小法廷判決）」です。この事件は，業界団体が定めたジュースの表示方法のルールを公正取引委員会が認定したことに対して，主婦連合会らが，その認定は不当表示防止法等に照らし違法であると不服申立てをしたものですが，最高裁は，主婦連合会らについて，原告適格がないと判断しています。具体的には，「不服申立適格」の解釈（前頁の下線部分）を本件に照らして，単に一般消費者というだけでは，不服申立てをする法律上の利益をもつ者といえないと判断しています。

３　不服申立ての利益

　「不服申立ての利益」は，審査請求では「審査請求の利益」，裁判では「訴えの利益」とも表現されるものです。

　狭義の「不服申立ての利益」とは，その処分を取り消す必要があるのかどう

4 「不服」とは

> **Column**
> 　通則法の「国税に関する法律に基づく処分」における「国税」には，関税などの一部の国税は含まれていません（国通2一）。
> 　また，国税庁長官がした処分等について国税庁長官に対して行う審査請求については，通則法の第二款（再調査の請求）及び第三款の適用はなく，基本，行審法の定めるところによるとされていますし（国通80②），酒税法第2章（酒類製造免許等）の規定による処分に対する不服申立てについては，行審法の定めるところによるものとし，国税通則法第八章第1節（不服審査）は適用しない，とされています（国通80③）。

かという観点から判断されます。処分には減額更正処分のように納税者に利益が与えられるものもあり，そのような不利益でない処分は，救済の観点から取り消す必要はないということになります。また，処分の効果が消滅するなどした場合も，納税者の権利利益を侵害しておらず，取り消す必要性がないということになります。

　なお，「不服申立ての利益」概念は，広義では，処分性（上記 ❶）や不服申立適格（上記 ❷）をも含んでいることがあります。

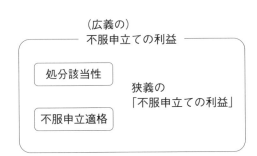

❹　裁決事例

　請求人が上記 ❶ から ❸ の理由を主張した事例をご紹介しましょう。国税不服審判所のホームページ（裁決要旨）に掲載されています。

① 「国税に関する法律に基づく処分」に当たらない

(A) 滞納国税を完納して差押え解除後にも登記簿に差押処分の記録が残り信用が失われたから，解除の記録自体を抹消するよう求めた事例（平12.3.31裁決）
⇒登記の記録が汚れたことに不満があるのだと思いますが，そのこと自体は「（国税に関する法律に基づく）処分」に当たりません。
(B) 延滞税を審査請求の対象とした事例（平12.6.23裁決）
⇒通則法第15条第3項第6号は，延滞税及び利子税について，「納税義務の成立と同時に特別の手続を要しないで納付すべき税額が確定する国税」と規定しています。つまり，自動確定する延滞税は処分にはあたりません。
(C) 所得税の確定申告の取り消しを求めて審査請求をした事例（平11.8.27裁決）
⇒確定申告そのものは，処分ではありませんので取消しを求めることはできません。なお，更正の請求をして，それが拒否された場合（更正すべき理由がない旨の通知処分）には，その通知処分を不服申立ての対象とすることができます。

② 「不服申立適格」がない・「不服申立ての利益」がない
(A) 相続を放棄した請求人がその相続税に係る原処分の取消しを求めた事例（平11.9.1裁決）
⇒不服申立人の地位は相続により承継されますが，相続放棄をした場合には，その地位は承継されず原処分の取消しを求める法律上の利益を有するとはいえません。
(B) 源泉所得税の納税告知処分について，受給者がその処分の取消しを求めた事例（平25.6.27裁決）
⇒受給者である請求人は，国との間では直接の法律関係はありませんから，不服申立適格を欠いています。
(C) 他の共同相続人名義の預金等が相続財産であるにもかかわらず，課税対象に含めずに処分をしたから違法であると主張した事例（平10.3.30裁決）
⇒相続人間の争いが背景にあるのかもしれませんが，預金等を課税対象に含めて欲しいという申立ては，不利益な処分を求めているということですから，不服申立て（請求）の利益はありません。
(D) 被差押債権の第三債務者である請求人が，その被差押債権に係る債務が存

在しないことを理由として差押処分の取消しを求めた事例（平8.11.22裁決）

（例）「第三債務者」

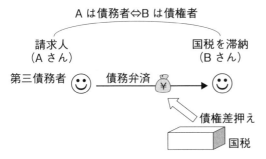

⇒請求人（Aさん）は被差押債権の第三債務者ですから，その差押処分により不利益を受けるわけではありません。

> **実務のポイント** 👉
> 1．行審法上の「処分」よりも通則法上の「処分」の範囲は狭い。
> 2．通則法上の「処分」でなくても行審法上の「処分」であれば，行審法に基づく不服申立てをすることができる。
> 3．（その法律に定める）不服申立ての対象とされていないもの，不服申立適格のないもの，不服申立ての利益を欠くものは，不適法な不服申立てとして却下される。

審査請求の特徴

　法律のたてつけとしては，行政処分について不服がある場合に（行政上の）不服申立てをするか，直ちに訴訟を提起するかは，国民が選択することが原則となっています（行訴法8①）。しかし，国税に関する処分については，必ず不服申立てを前置しなければならず，直ちに裁判に訴えることはできません。

　このような制度（不服申立前置主義）は，ネガティブにとらえられて批判されることもありますが，多くの良い面もあります。例えば，審判所の審理を経ることで，主張が整理されて争点が明確になるという点があげられます。

　意外に思われるかもしれませんが，多くの審査請求事件は専門家の代理人がついていないため*，法的な主張が不明確なことも珍しくありません。

　主張が整理されず争点が不明確なままに税務訴訟となれば，裁判所において十分な審理も期待できないでしょう。そういう意味では，当事者にとっても，いきなり裁判所に行かないことには一定のメリットもあります。また，行政内部の最終判断であることから，不服申立てで原処分が取り消された場合には，その判断が覆ることもありません。

> *　国税不服審判所における審査請求の代理人の状況については，正式な統計が公表されているわけではありませんが，平成20年度の大阪国税不服審判所では，代理人無しのケースが約47％，代理人が税理士のケースは約29％，弁護士は約12％，無資格者（近親者や納税関係団体など）は約11％，公認会計士が約1％とされています（平成21年9月30日「国税不服審判所と審査請求手続き」大阪国税不服審判所長／本多俊雄，大阪弁護士会講演録）。
> 　なお，審査請求の代理人に特別な資格は必要とされていません（国通107）。

❶　審査請求は裁判に比べて簡易迅速

　行政処分には公定力があるため，違法な処分であっても取り消されるまでは有効なものとして扱われます。つまり，早期に結論が出ること自体が国民の権利救済に役立つということです。なお，行政不服審査法（行政上の不服申立ての一般法）は，同法第1条（目的等）において，「簡易迅速かつ公正な手続」

5 審査請求の特徴

を謳っています。

国税不服審判所では、従前から審査請求を1年以内に終結させることについての目標を設定していますが、現在は、その処理件数割合を95％以上とする業績目標をかかげています。また、改正により、法律上これが明確化され、行政不服審査法や国税通則法には、標準審理期間についての定めが新設されています（行審法16、国通77の2）。

具体的には、税務署長や国税局長に対する「再調査の請求」で3か月（平成28年4月1日付官総9－4外「不服申立てに係る標準審理期間の設定等について（事務運営指針）」国税庁長官）、国税不服審判所長に対する「審査請求」で

▨資料：「標準審理期間」設定の状況
【標準審理期間の設定】 （単位：団体、％）

	全て設定	一部設定	未設定	回答数
国の行政機関	0（0）	3（18）	14（82）	17（100）
都道府県	3（6）	7（15）	37（79）	47（100）
市区町村	96（7）	24（18）	1,218（91）	1,338（100）
一部事務組合等	18（3）	2（0）	547（96）	567（100）
合計	117（6）	36（2）	1,816（92）	1,969（100）

【標準審理期間の設定：市区町村人口別】 （単位：団体、％）

	全て設定	一部設定	未設定	回答数
～1千人	1（5）	0（0）	21（95）	22（100）
1千～3千人	9（17）	0（0）	43（83）	52（100）
3千～5千人	6（8）	1（1）	70（91）	77（100）
5千～1万人	7（5）	1（1）	143（95）	151（100）
1万～3万人	27（8）	4（1）	301（91）	332（100）
3万～5万人	9（4）	4（2）	193（94）	206（100）
5万～10万人	6（3）	5（2）	219（95）	230（100）
10万～20万人	17（12）	2（1）	127（87）	146（100）
20万～30万人	4（10）	1（2）	37（88）	42（100）
30万～50万人	5（11）	1（2）	39（87）	45（100）
50万人～	7（20）	5（14）	23（67）	35（100）

現状において、多くの団体では標準審理期間は未設定であるようです。ただし、都道府県及び人口50万人以上の市区町村では、一定数の団体が標準審理期間を設定しています。

未設定の団体が多いことについては、手続自体が未経験であることや、旧制度等での経験から事件の内容によって審理期間がまちまちであることが理由として考えられるとされています。

出典：「新たな行政不服審査制度の運用に関する調査研究報告書」平成29年3月
　　　一般社団法人　行政管理研究センター

1年を標準審理期間としています（平成28年3月24日付国管管2－7「審査請求に係る標準審理期間の設定等について（事務運営指針）」国税不服審判所長）。

また，地方公共団体における審査請求については，条例等で定められており，一般的には6ヶ月とするところが多いようです（ホームページ等で公表されています。）。

裁判ですと，地裁では多くの事件が2年近くかかりますから，審査請求は迅速性の点で大きなメリットがあります。もっとも，これを裏返せば,不服申立てに比べて裁判のほうが審理が慎重で手続も厳格であるということでもあります。

さらに，不服申立てでは，裁判のように手数料を納める必要がありませんし，手続も裁判に比べて簡易ですから，必ずしも専門家を代理人に立てる必要はありません。このように経済的な面でも敷居が低いのが審査請求の特徴です。

❷ 職権探知主義

国税不服審判所において担当審判官は，審理を行うために必要があるときは質問・検査を行うことができますので，原処分庁や請求人に対する調査をしたり，反面調査をすることもあります。このことは職権探知主義（審理に必要な事実資料を審理者自らが収集するという建前）の一つの側面です。

担当審判官の質問検査の対象は，「審査請求人若しくは原処分庁又は関係人その他の参考人」です（国通97①）。これに対して，一般の税務調査における質問検査権の対象は，たとえば所得税法でしたら，所得税の納税義務がある（と認められる）者等，支払調書の提出義務者等，納税義務者等に金銭若しくは物品の給付をする義務があったと認められる者等（同法74の2①一）です。

このように，担当審判官の質問・検査の対象が「その他の参考人」にまで及ぶことを踏まえると，調査範囲は広くとらえられているといえます。しかし，調査の要否や方法等については，担当審判官の合理的裁量に委ねられているものの，原処分の補完調査という位置づけで行使されるのではありません。

すなわち，審判所が職権探知主義を極端に貫いた場合には，当事者が収集・提出していない資料（そのため主張すらしていない事実）に基づいて判断される可能性がありますが，そのような裁決は，当事者にとって反論の機会がなく「不意打ち」となりかねません。そこで，審判所では，総額主義を基本としつつ，当事者が主張する争点を中心に調査審理をするという「争点主義的運営」を行っています。

> **Column** 「争点主義」と「総額主義」
>
> 　「争点主義」や「総額主義」というのは，審理の対象範囲に関する学問上の概念です。「争点主義」とは，審理の対象は当事者によって主張される争点と，これと密接に関係する事項に限られるという考え方です。他方「総額主義」とは，審理の対象は原処分によって認定された所得金額全体の当否に及ぶとする考え方です。上記のとおり，実務は総額主義を前提にしています。
>
> 　例えば，個人事業主が売上計上漏れがあったとして更正処分された場合に，審査請求において売上計上漏れはないと争っているとします。そのような場合，審判所は，売上計上漏れの有無に関して調査審理をしますが，争点に全く関係のない事項（この場合，例えば譲渡所得があったか等）は，基本的には調査審理をしません。審判所の「争点主義的運営」とは，このようなことを意味します。

　なお，事件審理のための調査についての全般的な事柄は，本書のp55〜で解説しています。

3　その他の特徴

(A) 「不当」に関する審理

　「不当」とは，適法であっても制度の趣旨・目的に照らして裁量権の行使が相当性を欠く場合のことをいいます。審査請求などの行政法上の不服申立てでは，行政処分が違法か否かのみならず，不当か否かも審理することができます。

　もっとも，どのような行政行為が不合理な裁量権の行使といえるのかについては，それぞれの行政行為を規定する法令の趣旨・目的や，その基準（判例，法令解釈通達など）の有無によるものと解せられます（本書p14参照）。

(B) 行政内部における最終判断

　審判所の結論，つまり裁決は，関係行政庁を拘束します（国通102①）。したがって，裁判と違い裁決で原処分が取り消された（原処分庁が負けた）場合は，原処分庁側は裁決に対して不服申立て等をすることができません。

　また，当然ながら原処分庁は，裁決で課税処分が取り消されている場合は，その処分が適法であることを前提にして国税を徴収することもできません。

(参考)
◇裁量権の逸脱・濫用（ 違法 ）として処分を取り消した事例
⇒大阪市が大阪市労働組合等に対して，庁舎内の組合事務所の使用を許可しないこと…裁量権の逸脱・濫用である。（大阪地裁平成26年9月10日判決）
◇処分が 不当 と評価されて取り消された事例
⇒請求人の帳簿書類の備付け及び記録の不備の程度は甚だ軽微であり，申告納税に対する信頼性が損なわれているとまではいえないから，所得税法第150条第1項に基づく青色申告の承認の取消処分は，違法とはいえないものの不当な処分と評価せざるを得ない。（平成22年12月1日裁決）

(C) 不利益変更の禁止

国税不服審判所長は，審査請求の結論を請求人の不利益に変更することはできません（国通98③）。例えば，納付すべき税額を80とする申告に対して，それが100であるとして更正処分が行われて，請求人がその処分の取消を求めて争ったとします。この場合審判所が審理した結果，納付すべき税額が120であるとの心証を得た場合でも，原処分よりも不利益に変更することはないのです。

そして，裁決書では「請求人の所得金額については当審判所の認定額が原処分の額を上回るから，原処分は適法である。」などと結論づけられます。審判所の審理は，あくまで原処分の適否であって，新たな課税をするものではないということです。

(D) 通達には拘束されない

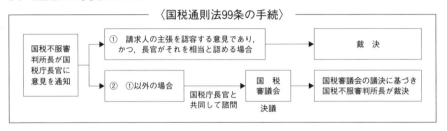

審判所において処分が取り消される場合，その事実認定が原処分庁のものと異なるというケースが多いのですが，法令解釈が原処分庁と異なることが取消理由となるケースもあります。そのような場合，審判所の判断が通達の解釈とは異なる解釈を前提としていることもあります。

　国税不服審判所長は，通達には拘束されず，国税庁長官が発した通達の解釈と異なる解釈によって裁決をすることができることになっていますが，それには一定の手続が必要とされています（国通99）（上図〈国税通則法99条の手続〉参照）。

　なお，この手続は，国税通則法の改正により平成26年4月1日からの取扱であり，それ以前は，「国税不服審判所長が国税庁長官に意見を申出」し，国税審議会の議決を経た場合には「国税庁長官が，国税審議会の議決に基づき国税不服審判所長に指示」をするという規定になっていました（旧通則法99）。

今回の主な参考文献
・宇賀克也『行政法概論Ⅱ〔第5版〕』有斐閣
・国税不服審判所パンフレット「審判所ってどんなところ？」

Column　違憲立法審査権

　一般に行政機関には違憲立法審査権はないと解されていますので，行政上の不服申立てで審査庁は法令の合憲性を審理の対象としないという運用がとられていると思われます。

　審判所はそのような運用の下，事件処理を行っていますので，憲法違反を処分の違法理由とする主張は，基本的には審理の対象とはなりません。

実務のポイント☞

1．不服申立ては裁判と比べて簡易迅速であり，手数料もかからず手続も簡単である。
2．担当審判官は，必要に応じて質問検査権を行使するが，原処分の補完調査ではなく，請求人が主張する争点を中心とした調査である。
3．裁決において，原処分の適否は，最終的な税額が原処分を超えているかどうかで判断される（総額主義）。

地方公共団体に対する不服申立て①

　平成28年の4月1日に施行された改正行政不服審査法により、地方公共団体は、第三者機関（行政不服審査会）を設置するなどしました＊。地方公共団体における不服申立ては、今まで税理士にとって身近なものではありませんでしたが、今後は地方公共団体の第三者機関の委員や審理員への就任という形で税理士が関わる機会が増えています。
　ここでは、地方公共団体における不服申立てについて取り上げます。

＊　地方公共団体における行政不服審査会の設置については、行政不服審査会が単独設置されるケースだけでなく、共同設置または他の団体への事務の委託といった方法が採られる場合もあります。

1　不服申立ての状況

　行政上の不服申立ては、行政庁に対して、違法又は不当な行政処分その他公権力の行使に当たる行為について、その取消し又は変更を求めるものですから、その分野は多岐にわたります。
　どのような分野の不服申立てが多いのか、みてみましょう。
　政府広報オンライン（※）は、平成26年度の行政不服審査法等に基づく不服申立て件数を分析しています。それによれば、国の行政不服審査の不服申立ての中で最も多いのが社会保険関係（63,683件）で全体の72％を占めています。次に多いのが国税通則法（5,869件）の6.6％です。一方、地方公共団体の行政不服審査の不服申立てをみてみますと、生活保護法（8,352件）が最も多く全体の33.7％、二番目は情報公開条例（3,084件）で12.5％です。地方税法関係は1,499件で5.8％にとどまります。

（※）http://www.gov-online.go.jp/useful/article/201605/1.html

2　地方税の不服申立て

　次に、地方公共団体に対する不服申立てのうち地方税に関する不服申立てに

ついて確認します。市町村民税や道府県民税の不服申立てには，基本的に行政不服審査法が適用されることになります（地方税法19）。

行政不服審査法では，審査請求先は個別法に特別の定めがある場合を除き，処分をした行政庁*1（処分庁）の最上級行政庁（大臣・都道府県知事・市町村長等）です。しかし，処分庁に上級行政庁がない場合には処分庁が審査請求先となり，処分庁の上級行政庁が主任の大臣*2や外局*3として置かれる庁等である場合には，その大臣や庁の長等が審査請求先となります。

地方税に限りますと，一般的な都道府県・市町村では都道府県知事・市町村長が処分庁になります。そして，都道府県知事・市町村長には上級行政庁がありませんので，都道府県知事・市町村長に対して審査請求をすることになります。ただし，政令指定都市の場合で，市長が課税している税目の一部を区長に権限を委任しているときは，区長が処分庁になりますから，その上級行政庁である市町村長に対して審査請求をすることになります。都道府県の県税事務所等に権限が委任されている場合も同様で，県税事務所等が処分庁で，その上級行政庁である都道府県知事に対して審査請求をすることになります。

つまり，国税の不服申立ては「再調査の請求」と「審査請求」の二種類であり，再調査の請求を経て審査請求の２段階か，審査請求のみの１段階かのいずれかを選択することになりますが，地方税に関しては「審査請求」の１段階のみという違いがあります。なお，固定資産課税台帳に登録された価格にかかる不服は，「審査請求」ではなく，固定資産評価委員会に対する「審査の申出」という別制度になります。

〔Word〕
＊1　行政庁……行政行為を行う権限を持った機関で，大臣，知事，市町村長等をいいます。また，行政処分の権限を与えられている税務署長や政令指定都市の区長等も行政庁に当たります。
＊2　「主任の大臣」とは，内閣府では内閣総理大臣であり（内閣府6②），各省では各省大臣です（行組5①）。
＊3　「外局」とは，内閣総理大臣または各省大臣の統括下にありながら，一定の独立性を持つ組織のことで，たとえば，内閣府の金融庁や消費者庁，総務省の消防庁などが外局に当たります

行政不服審査法が改正される前は、不服申立ての審理手続について、不服申立てに係る原処分に関与した職員等が関わることを制限する規定がありませんでした。しかし、改正後の行政不服審査法では、原則として審理手続を行う「審理員」について、処分等に関与し又は関与することとなる者を指名することはできないとされました（行審法9②一）。

③ 行政不服審査会等とは

行政不服審査法上の行政不服審査会等とは、第三者機関であり、審査庁が審理員の意見を踏まえて諮問をする先の機関です。

審査庁が国の機関である場合は、総務省に置かれた行政不服審査会に諮問をします（行審法43）。国の行政不服審査会は、平成28年4月に設置され、3名で構成される部会（合議体）が3つあり委員は9名です。各部会の部会長（3名）は常勤で他の委員は非常勤です。

審査庁が地方公共団体の場合には、各団体の執行機関の付属機関として設置された第三者機関（一般的に、「○○県行政不服審査会」などという名称）に諮問します（行審法81①②）。この第三者機関は、各地方公共団体の実情に応じて柔軟に対応できるように、条例・規約で規定されることとされています。

（Word）「審理員」

審理員は審査庁に所属する職員でなければならないのですが（行審法9①）、審査請求に係る処分等に関与した者又は審査請求に係る不作為に係る処分に関与し、若しくは関与することとなる者等以外の者でなければならないとされています（行審法9②）。したがって、原処分の決裁ラインに関わる可能性の低い部門の職員（総務部など）が審理員に指名されることが考えられますが、審理員は、審理手続を行って審理員意見書を作成したりしますから一定の事務遂行能力が必要です。つまり、一定程度の役職にある職員から指名されることになります。

しかし、小規模の町や村では、審理員の条件を満たした上で一定の事務遂行能力を有する職員を確保することが難しいケースがありますし、不服申立て件数が少ないために、審理員のための研修を行うことのメリットが乏しいことも考えられます。そのため、職員数の少ない地方団体では、職員OBや弁護士・税理士等の専門家を非常勤で採用した上で審理員に指名するケースもあるようです。

具体的には，各地方公共団体が単独で設置する方法だけでなく，他の自治体との共同設置，県や近隣市町村等への委託なども認められています。

したがって，地方公共団体が行政不服審査法に基づき設置する第三者機関の規模や形態は様々です。たとえば，大阪市行政不服審査会は比較的規模が大きく，12名の非常勤の委員，4つの部会から構成されており，委員は，大学教授2名，弁護士6名，税理士4名という状況です。通常，各地方公共団体で設置する行政不服審査会等については，その団体のホームページにて委員の人数や氏名等が公表されています。

なお，いずれも調査審議は非公開ですので傍聴をすることはできませんが，答申の内容は公表が義務づけられています（行審法79。）*。

* 行政不服審査法は，審査会は，諮問に対する答申をしたときは，答申等の写しを審査請求人及び参加人に送付するとともに，答申の内容を公表するものとすると定めています（行審法79）。

実務のポイント☞

1. 行政不服審査法に基づく審査請求事件全体をみると，申立数が多いのは，国では社会保険関係，地方公共団体では生活保護法の分野である。
2. 地方税の不服申立ては，国税と異なり，原則として審査請求の一段階だけである。
3. 地方税の不服申立制度には，第三者機関（「○○県行政不服審査会」）等の機関が裁決に関してのチェック機能を持つ。

6-2 地方公共団体に対する不服申立て②

地方公共団体における審査請求のうち地方税に関する不服申立てが占める割合は僅か（平成26年度で5.6％）であり，生活保護，情報公開及び介護保険の3分野が突出しています。そこで，今回は，これら3つの制度を概観します。

次に，裁決等の内容についての国民への一元的な情報提供及び各行政庁

の利便性の向上を図るために構築された「裁決・答申データベース」をご紹介します。

1　地方公共団体の不服申立制度

　地方公共団体における不服申立てのうち，3つの分野の制度を概観します。なお，具体的な不服申立て先については，各法令が定めていますが，対象となる処分の通知書に付された教示文＊に従うことが実務上のポイントとなります。

＊　教示文とは「この処分に不服があるときは，処分があったことを知った日の翌日から起算して3ヶ月以内に……に対して審査請求をすることができます。」といった文のことをいいます（p55参照）。

①　生活保護

　生活保護に関する不服申立ては，審査請求と再審査請求の2種類で，行政不服審査法の改正を経ても，この枠組みは存置されています（保護法64，66）。もっとも，審査請求に対する裁決を経れば，処分取消しの訴えを提起することができます（保護法69）。

　生活保護の申請が認められなかった場合（却下），申請したのに30日以内に通知がない場合（保護法24⑦により申請を却下したものとみなすことができます），決定された保護費の額など，生活保護に関する処分に不服がある場合は，福祉事務所または都道府県知事に対して審査請求をすることができます。そして，その裁決に不服がある場合には，厚生労働大臣に再審査請求をすることができます（保護法66）。

　審査請求の流れは，地方税に関する不服申立てと同様で，審理員が事件を審理して，通常は，第三者機関への諮問・答申を経た後に裁決されます。

②　情報公開

　行政文書の開示請求や個人情報の本人開示請求等に対する開示決定等について不服があるときは，実施機関に対して行政不服審査法に基づく審査請求をすることができます。また，審査請求を経ずに，行政事件訴訟法に基づく訴訟の提起をすることもできます。

　そして，地方公共団体の条例により定められる事項ですが，審査請求の場合は，一定の場合を除き「情報公開・個人情報保護審査会」に諮問されます。この「情報公開・個人情報保護審査会」とは地方税の審査請求における「行政不

6−2 地方公共団体に対する不服申立て②

<参考①:国の情報公開・個人情報保護審査会における調査審議の流れ>

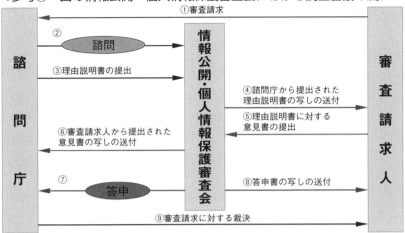

引用:総務省　http://www.soumu.go.jp/main_content/000401133.pdf
(最終確認2018年9月29日)

<参考②:介護保険に関する処分に対する審査請求>

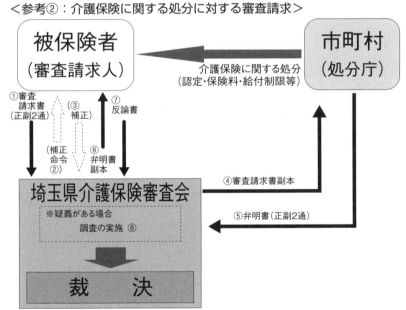

引用:埼玉県ホームページ
http://www.pref.saitama.lg.jp/a0609/seido06.html
(最終確認2018年9月29日)

服審査会」と同様，行政機関が裁決を行う前に意見等を聴くために設けられている第三者機関です。

なお，国の場合は，情報公開・個人情報保護審査会に諮問しなければならないとされています。(情報公開法19等) **＜参考①＞**。

③ 介護保険

介護保険に関する処分のうち保険給付に関する処分（要介護認定等に関する処分を含む）または保険料その他の徴収金（財政安定化基金拠出金等は除く）に関する処分に不服がある場合には，処分庁ではなく介護保険審査会に審査請求をすることができます（介護保険法183）**＜参考②＞**。

2　裁決・答申データベース

行政不服審査法は，第三者機関の答申の内容を公表すると定めており（行審法79），さらに，不服申立てにつき裁決等をする権限を有する行政庁は，裁決等の内容や不服申立ての処理状況について公表するよう努めなければならないともされています（行審法85）。

つまり，答申が公表されていても裁決が公表されていないケースもあります。

総務省が設置した「裁決・答申データベース」は，誰でも無料で利用することができます（下図「行政不服審査裁決・答申検索データベース」）。

```
行政不服審査裁決・答申検索データベース

本データベースは、行政不服審査法等に基づいてされた不服申立について、審査庁が行った裁決内容や行政不服審査会等が行った答申内容等を検索・閲覧に供するものです。

▶裁決検索
審査庁の裁決について、用語、裁決日、処分根拠法令等により、検索することができます。

▶答申検索
行政不服審査会等の答申について、用語、答申日、処分根拠法令等により、検索することができます。

＜関連リンク＞
○公正取引委員会　審決等データベースシステム
○国税不服審判所　公表裁決事例集
○情報公開・個人情報保護関係　答申・判決データベース
○特許庁　審決公報DB
```

（http://fufukudb.search.soumu.go.jp/koukai/Main）

なお，答申を受けて裁決が出ますから，通常は両者の結論は同じと思われますが，裁決は答申に従わなければならないという規定はありませんので，結論が異なるケースもあり得ます。

平成30年9月8日現在，裁決は2117件（うち認容190件），答申は1546件収録されています。認容裁決5件をご紹介します。

① 平成28年7月13日裁決（徳島県）[難病の患者に対する医療等に関する法律]

特定医療費（指定難病）の支給認定申請に対して支給認定をしない旨の処分を受けたため，その取消しを求める審査請求を行った事案。

審査請求の過程で補正の上，提出された臨床調査個人票により判断すべきものとして処分が取り消された。なお，本裁決に併せ，本件申請において支給認定する旨の処分がされた（行審法46②二）。

② 平成28年7月14日裁決（山形県）[生活保護法]

請求人名義の銀行口座に振り込まれた入院給付金が臨時収入と判断されて生活保護の保護廃止決定処分を受けたため，その取消しを求める審査請求を行った事案。

保護の実施における収入認定の取扱いは機械的，画一的に行うものではなく，個別に実態をよく把握して判断する必要があるとした上で，本件処分は，本件事案の実態を考慮しない不当な処分であるとして処分が取り消された。

③ 平成28年4月12日裁決（宮崎県）[生活保護法]

世帯員がアルバイトをしたことによる就労収入に関して費用返還命令処分を受けたため，その取消しを求める審査請求を行った事案。

返還命令自体に違法または不当な点はないが，返還額を決定するに当たり必要な調査を尽くした上で本件処分を行ったとは認めがたいとして，処分の全部が取り消された。

④ 平成28年7月1日裁決（秋田県）[生活保護法]

就労指導違反を理由として生活保護の保護廃止決定処分を受けたため，その取消しを求める審査請求を行った事案。

指導指示書は履行期限を徒過したもので，その無効な指導指示書を根拠に決定された処分であるとして，処分が取り消された。

⑤　平成28年６月７日裁決（新潟県上越市）［上越市個人情報保護条例］
　条例に基づき保有個人情報の開示請求をしたものの，開示をしない旨の決定処分を受けたために，その取消しを求める審査請求をした事案。
　非開示部分の一部については非開示情報の要件に該当しないとして，処分が取り消された。

> **実務のポイント**👉
> １．地方公共団体における不服申立て件数のトップ３は，生活保護，情報公開及び介護保険の分野である。
> ２．固定資産税に関する不服申立てのうち価格（評価額）に対するものは，価格以外のことに関する不服申立て（審査請求）とは別個の手続き（審査の申出）となっている。
> ３．総務省の行政不服審査裁決・答申検索データベースは，無料で利用できる。

7 不服申立て準備における留意点

　不服申立ては，原則として法定された不服申立期間内にしなければ，それ自体が不適法な不服申立てとして却下されます。もし，皆さんが不服申立て（再調査の請求や審査請求）の代理人をすることになった場合，このことには十分注意する必要があります。
　実際，筆者が審判所で扱ったケースでも，期限を1日過ぎてしまって本案審理（事件内容の審理）に入らずに門前払い（却下）となったものもありました。それが代理人の勘違い等であれば，取り返しのつかないミスになってしまいます。提出期限が迫っているときは，処分の取消理由を完璧に書こうとせずに，ひとまずシンプルに記載して審査請求書を提出するのも一つの方策です。後から追加主張もできますし，形式的な不備は，たいてい補正で対処可能です。
　ここでは，国税に関する不服申立ての流れに触れ，特に不服申立期間について掘り下げます。

1 どちらを選択すべきか

　税務署長等が行った処分については，「再調査の請求」と「審査請求」のどちらかを選択することができます。
　国税通則法の改正前は，ほとんどの処分について異議申立て（現在の「再調査の請求」）を経なければ，直接審査請求をすることができませんでした。しかし，現在は，「再調査の請求」を経ずに「審査請求」をすることも可能です。実際のところ，「再調査の請求」を経ずに，直接「審査請求」をするケースは増えているようです。
　「再調査の請求」は，その処分をした行政庁に対して行うものです。そして，その名称（再調査）ともあいまって，納税者にとって，再度の税務調査を受けなければならないという印象から敬遠されてしまうのでしょう。
　しかし，「再調査の請求」の内容は，改正前の「異議申立て」と同様です。名称については，法案審議において，「税務調査との混同が起こらないように

すべき」といった指摘もあったくらいです。最終的には，衆・参の両総務委員会における法案の可決の際に，「再調査の請求」が，処分庁が簡易に処分を見直す事後救済手続であることを国民に十分説明する旨の附帯決議がされています。

第186回国会閣法第70号　附帯決議
　行政不服審査法案に対する附帯決議

　政府は，本法施行に当たり，次の事項についてその実現に努めるべきである。
一　今回導入される第三者機関及び審理員制度の運用に当たっては，権利救済の実効性を担保できるようにするため，適切な人材の選任に配意すること。特に，地方公共団体においては，各団体の実情を踏まえ，申立ての分野に応じた高い専門性を有する人材の選任に配意すること。
二　今回の制度改正の周知の過程において，地方公共団体が行った処分について審査請求すべき行政庁を住民に十分説明すること。
三　今回の改正によって新たに設けられた「再調査の請求」が，処分庁が簡易に処分を見直す事後救済手続であることを国民に十分説明すること。
四　審理手続における審理関係人又は参考人の陳述の内容が記載された文書の閲覧・謄写について，審理の簡易迅速性の要請も踏まえつつ検討を行うこと。

　見解が分かれるところですが，直接「審査請求」をすべきかどうか，という問については，急いで裁判をしたいといった事情がない限りは，「再調査の請求」を経てから「審査請求」をするほうがよいのではないでしょうか。その理由は，次のとおりです。
○処分の理由が明確になる…処分通知書には処分理由が附記されていますが，「再調査の請求」の結論である「再調査決定書」には，より詳細な理由が記載されます。その原処分の理由を踏まえて，審査請求において改めて主張することが可能となります。
○手数料がかからない…裁判と違って，不服申立て（再調査の請求や審査請求）は，手数料が不要です。

また，簡素な手続きですから，専門家の代理人をたてずに自ら審査請求をすることもできます（これを本人請求といいます。）

ただし，再調査の請求に係る調査が，原処分の補完調査とされることがないよう，注意を払う必要はあります（本書**第4部** 4 参照）。

2 不服申立期間

不服申立ては，国民の権利救済と行政処分の効果や行政上の法律関係の早期安定という相対する要素を調整するために，申立てをすることができる期間が法定されています。以下，国税通則法第77条に照らして解説します。

① **主観的不服申立期間（1項）**

再調査の請求や処分の後に直接審査請求をする場合の不服申立期間は，正当な理由がある場合を除き，処分があったことを知った日（処分に係る通知を受けた場合には，その受けた日（Column 参照））の翌日から起算して3ヶ月以内です。

したがって，たとえば決定処分の通知を受けた日が6月25日であれば9月25日が不服申立ての期限となります（この日が休日の場合はその翌日）。同法2項の「1ヶ月」，3項の「1年」の数え方も同様です（国通10。不審通77－5）。

② **再調査決定後の審査請求（2項）**

再調査の請求を経た場合の審査請求については，正当な理由がある場合を除き，再調査決定書の謄本の送達があった日の翌日から起算して1ヶ月以内にしなければなりません。つまり，処分のあと，直接審査請求をする場合の不服申立期間は3ヶ月ですが，再調査の請求を経る場合は，1ヶ月しかありませんので注意が必要です。

③ **客観的不服申立期間（3項）**

不服申立ては，正当な理由がある場合を除き，処分があった日の翌日から起算して1年を経過すれば，不服申立てをすることはできません。これは，法律関係を確定させることを目的とするもので「除斥期間（じょせききかん）」とも呼ばれます。

本項が処分があったことを「知った」ことを基準としていない理由は，滞納処分などの場合は処分される相手以外の者が不服申立人となるケースがあるからです。つまり，処分があったことを知らない関係者がいたとしても，行政処分を早期に安定させるとの趣旨による規定です。

なお，処分の通知を受けた者が不服申立てをする場合には，この3項（除斥期間）の適用はなく1項が適用されます（不審通77-2）。

④ 郵送の場合の提出日（4項）

再調査の請求書や審査請求書を郵送で提出する場合の提出時期は，その郵便物または信書便物の通信日付（消印の日）が提出日とみなされます（国通77④による同22の準用）。

〈不服申立ての期限の特例〉

滞納処分手続の安定を図り，換価手続により権利を取得したり利益を受けた者の権利・利益を保護するという趣旨から，次の処分については，不服申立ての期限の特例が定められています（国徴171）。

　(イ)　督促…差押えに係る通知を受けた日（その通知がないときは，その差押えがあったことを知った日）から3ヶ月を経過した日
　(ロ)　不動産等についての差押え…その公売期日等
　(ハ)　不動産等についての公売公告から売却決定までの処分…換価財産の買受代金の納付の制限
　(ニ)　換価代金等の配当…換価代金等の交付期日

Column　＜不服申立期間の始期＞

国税通則法77条1項の「処分に係る通知を受けた」とは，その通知が社会通念上了知できると認められる客観的状態に置かれることをいいます。したがって，本人が営業所に不在のときにその従業員が受領したものであっても，決定書等が送達された日が「通知を受けた日」とされます（昭和45年7月25日名地判税資60号138頁）。

また，通知の相手先（納税者本人）がその内容を知りながら，税務署等からの書類の受領を拒んだ場合でも，通知があったことに変わりがなく不服申立期間が進行するとされています（昭和40年3月13日名地判税資41号207頁）。処分通知書の送達については，税務職員がポストに通知書を入れる方法などの差置送達（国通12⑤二）も認められていますので，通常は，通知書の受け取りを拒否しても，不服申立期間の始期が影響を受けることはありません。

❸ 正当な理由

　国税通則法77条1項から3項は，いずれも，正当な理由があるときには，法定された不服申立期間を経過していても適法な不服申立てとして扱う旨を規定しています。

　これらの「正当な理由があるとき」とは，たとえば，次のような場合をいいます（不審通（審判所関係）77－1）。

(イ)　誤って法定の期間より長い期間を不服申立期間として教示した場合において，その教示された期間内に不服申立てがされたとき。

(ロ)　不服申立人の責めに帰すべからざる事由により，不服申立期間内に不服申立てをすることが不可能と認められるような客観的な事情がある場合（具体的には，地震，台風，洪水，噴火などの天災に起因する場合や，火災，交通の途絶等の人為的障害に起因する場合等）

　ところで，1項及び2項の「正当な理由があるとき」の文言は，平成26年6月の改正（平成28年4月1日施行）で入れられたものです。改正前は，天災その他前2項の期間内に不服申立てをしなかったことについて「やむを得ない理由」があるときは，その理由がやんだ日の翌日から起算して7日以内の不服申立てを認めるとの規定になっていました。

　「正当な理由」と「やむを得ない理由」の違いは，前者が「堂々と主張することができる正しい理由」という意味であり，後者は「原則的なあり方としては本来認められないはずのものであるが，本人の責めに帰することが困難な特別の事情によって例外的な自体や取扱いを認めることとしてもいたし方のない理由」を意味しており，後者（やむを得ない理由）のほうが前者（正当な理由）よりも範囲が広いとされています。

　国税通則法の事例ではありませんが，裁判例では，未成年者に対する処分について，不服申立期間経過後に後見人が選任され，その能力が補充された後訴えを提起するにつき必要な期間内は正当な事由により訴を提起することができなかったものとした事例（昭和24年12月28日新潟地判行月24号追録57頁），処分時に海外に居住したため，期間内に本訴を提起することができなかったことは正当な事由によるものとした事例（昭和29年12月6日福島地判行集5巻12号2831頁）等はあります。

　なお，法の不知，多忙，出張，送達日の誤認等はやむを得ない理由に当たら

ないとされており，これらは通常，正当な理由にも当たらないと解されます。

<参考文献>
新井勇『税法解釈の常識』税務研究会出版局
国税通則法コンメンタール§77・1，§77・4

実務のポイント
1．税務署長等が行った処分に対する不服申立ては，再調査の請求を経てから審査請求をするか，最初から審査請求をするかを選択することができる。
2．不服申立期間を徒過してしまうと，正当な理由がない限り，申立ては却下されるので，不服申立ての期限（最終日）は確実に押さえておく。
3．単なる法の不知，多忙，出張，送達日の誤認等は，不服申立期間を徒過したことの正当な理由には当たらない。

8 送　　達

　「送達」という言葉は，税理士の日常業務にはあまり登場しませんが，課税庁が納税者に発する書類は，「送達」されることになっており，その「送達」によって，処分などその送達される書類に関する効力が発生する場面が多くあります。したがって，「いつ」送達されたのかはとても重要です。そして，「誰に」，「どのように」あるいは「どこで」送達されたのかが問題となることもあります。

　たとえば，不服申立ては処分があったことを知った日の翌日から起算して3ヶ月を経過するまでがその期限とされていますが（国通77①），その「知った日」は，多くの場合，処分通知書の「送達」のあった日です。したがって，不服申立てをする際に送達日の認識を誤るなどして申立期限を経過してしまうと取り返しがつかず，税理士の責任問題にもなりかねません。

　このように「送達」は処分やその不服申立てに密接に関わってきますので，今回は「送達」の概念等の整理や「送達」について争われた事例を見ていくことにします。

Word「送達」…訴訟法上，訴訟手続に必要な書類を法定の方式に従って当事者や訴訟関係人に交付し，又はこれらの者にその交付を受ける機会を与える行為（民事訴訟法98，刑事訴訟法54）。国税通則法にも書類の送達の規定がある（国通12～14）。

1　送達に関する規定

　税務官公署が行う書類の送達には，郵便又は信書便による送達と「交付送達（後述）」があります。その送達先は，送達を受けるべき者の住所又は居所，あるいは事務所や事業所です。なお，納税管理人があるときは，その納税管理人の住所又は居所が送達先となります（国通12①）。

　実務上は書留などの記録が残る方法が使われることが多いのですが，どのような場合にどの方法を採るべきかは通則法上は規定されていません。普通郵便

などを使った場合でも,「通常到達すべきであった時に送達があったものと推定」されますので(国通②),書類が到達していないことや実際の送達日が(推定される日)と異なることを納税者が証明しない限りは,その推定がされます。

「交付送達」とは,行政機関の職員が,書類を送達すべき場所に持参してその送達すべき場所において,その送達を受けるべき者に書類を交付して行うとされていますが(国通④),その場所で書類を受けるべき者と出会わない場合は,その使用人その他の従業者又は同居の者に交付することにより送達することもできます。これは,補充送達と呼ばれるものです。交付の相手が使用人等や同居者の場合は「相当のわきまえのある者(※1)」である必要があり,それに該当するかどうかで争われた事例もあります(※2)。また,受領すべき者がいなかったり正当な理由なく書類の受領を拒んだりした場合には,その書類を送達すべき場所に差し置くこともできます(差置送達)(国通⑤二)。

差し置くとは,たとえば,郵便受けに入れるなどです。

なお,郵便による送達と交付送達の間には優先順位はありませんので,どの方法を選択するかは税務署長の裁量に任せられています(平成26年5月14日公表裁決)。

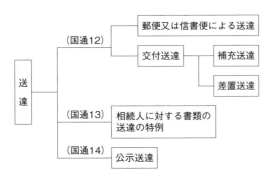

(※1) 書類の送達の趣旨を了解し,受領した書類を送達を受けるべき者に交付することを期待しうる能力を有するものをいい,必ずしも成年者であることを要しない(基本通達12条関係9)。
(※2) 小学6年生の長男への交付は有効であるとした事例(昭和53年5月22日裁決)。

2 「送達」の解釈に関する事例

① 処分通知書が納税者の妻が経営する店舗でなおかつ請求人の次男に交付された事例（平成9年3月31日公表裁決）

国税通則法は，本人の「住所又は居所（事務所，事業所を含む）」に送達すると規定しているにもかかわらず，本件は，それ以外の場所でしかも次男に交付されていたという点で，請求人は，国税通則法の規定に反する旨主張しました。

しかし，次男は成人に達しており，また，店舗の土地建物は請求人の所有名義で登記されており請求人の住所地と同じ道路に面して約100m離れているといった状況で，また，次男は通知書を受領した日を答述していました。

以上のような事実関係をふまえ審判所は，本件の通知書の送達場所が妻の事業所であることから，その限りにおいては国税通則法の規定に抵触するという意味において違法である旨述べています。しかし，規定の趣旨に鑑みて，書類の名あて人がその書類を了知し得る状態にあった時に，書類送達の効力が生ずると解した上で，本件では請求人のもとに確実に，かつ，速やかに送達されたことが認められると判断しました。したがって，通知書の送達の効力に影響はないとの結論です。

> Point　結果的に納税者が書類を受け取っている限りは，「送達」の効力を否定する判断がなされる可能性は低いと思われる。

② 「相続税延納取消しに対する弁明を求めるためのお知らせ」を受け取っていないという納税者の主張が認められなかった事例（平成19年2月13日公表裁決）

延納の許可を受けた者が滞納などによって延納の条件に違反した場合，税務署長はその許可を取り消すことができますが，その場合には，税務署長はあらかじめその者の弁明を聞かなければなりません（相法40②）。本件では，その弁明を求める1回目の通知書は受取人不在による保管期限満了を理由に税務署に返送され，2回目・3回目の通知書は，徴収担当職員によって郵便受けに投函されましたが，指定された期限までに本人から原処分庁への連絡がありませんでした。

そのため延納許可が取り消されたのですが，請求人は，送達場所に継続して居住しており，かつ通知書の受領を拒んだ事実はないから，送達の効力が生じておらず，弁明手続が違法である旨主張しました。

しかし，審判所は，第２回通知及び第３回通知の書類の送達時にいずれも請求人は不在であり，単なる不在も書類の送達を受けるべき者等が送達すべき場所にいない場合（国通12⑤二）に該当するとして，いずれの通知も適法に差置送達されて弁明手続は適法にされたと結論づけました。

> **Point** 送達を受けるべき者の住所又は居所である限りは，差置送達ができるので，差置送達が有効であれば「送達」の効力は否定できない。

③ **請求人の住居の玄関にある郵便受け箱は，請求人の支配領域内にあり，処分に係る通知書が投入されたことは「書類を差し置くこと」に該当するとされた事例（平成27年７月１日公表裁決）**

請求人は，通知書は平成26年３月14日に郵便受けに投入されたことを裏付ける証拠はない旨，仮に投入されたとしても，その日は留守であったから実際に受け取ったのは後日であり，郵便受けへの投入は，「書類を差し置くこと（国通12⑤二）」に該当しない旨主張しました。

しかし，税務署の送達記録書（通知書が郵便受けに投入される際の写真添付）などから，通知書が14日に投入された事実が認められています。そして，審判所は，請求人が不在であったことから，本件は請求人が「送達すべき場所にいない場合（国通12⑤二）」に該当し，郵便受けが「送達すべき場所」にあたり，通知書は請求人に適法に送達されたと結論づけました。

> **Point** 差置送達は差し置かれた日が「送達」の基準であり，名あて人の現実の受領日は無関係である。

④ **更正の請求のできる事由が生じたことを知った日（相続税法32）は，和解調書の送達を受けた日ではなく和解が成立した日であるとされた事例（平成10年８月６日公表裁決）**

相続税の申告後に遺留分減殺請求に基づく価額弁償金が確定した場合などは，その事由が生じたことを知った日から４か月以内であれば更正の請求をするこ

とができます（相法32）。本件の請求人は，訴訟上の和解（※）によって相続税法32条の更正の請求事由に該当することになったため，「更正の請求の事由が生じたことを知った日」を和解調書の送達日と解して更正の請求をしたところ，更正の請求の期限を経過しているとして「更正をすべき理由がない旨の通知処分」をしました。つまり，「知った日」が和解の日なのか和解調書の送達日なのかが論点となったものです。

　審判所は，和解成立日が「知った日」であるから，本件の更正の請求は期限を経過した不適法なものと判断しています。

（※）訴訟上の和解

　訴訟上の和解とは，民事訴訟の係属中に裁判所で当事者が訴訟物である権利関係の主張について相互に譲歩することにより，訴訟を終了させることを約する民事訴訟法上の合意をいいます。当事者（その代理人を含む。）双方が裁判官の面前で和解条項を確認し，これを双方が受け入れて，初めて成立するものです。

> **Point**　和解調書の送達の有無は，和解の成立や効力発生とは無関係。

⑤　公売通知の送達手続に瑕疵があってもその前に行われた公売公告処分の違法事由とならないとされた事例（平成27年9月16日非公開（東裁（諸）平27-34）

　差押財産が公売に付される際，この公売公告（国徴95）の内容は滞納者等に通知されます（国徴96）。

　請求人は，その公売通知書の送達手続に瑕疵があるから公売公告処分が違法であると主張しましたが，審判所は，本件の公売公告処分が違法か否かの判断は，その処分がされた時点の事実及び法律によって判断するものであるとして，納税者の主張を認めませんでした。

> **Point**　公売の通知は，公売公告処分の適否には影響しない。

3　公示送達

　税務署長等は，①その送達を受けるべき者の住所及び居所が明らかでない場合又は②外国においてすべき送達につき困難な事情があると認められる場合に

は，送達に代えて公示送達を行うことができます（国通14①）。

なお，一定の事項を記載した文書を一定の場所に掲示する公示送達は，その掲示を始めた日から7日を経過したときに書類の送達があったものとみなされます（国通14③）。

具体的には，税務署や国税局にある掲示板に掲示されるなどして公示されているものが「公示送達」です。

実務のポイント

1. 住所又は居所である限りは差押送達ができ，現実の受領日ではなく，差押かれた日が「送達」の日とされる。
2. 結果的に納税者が書類を受け取っている限りは，「送達」の効力を否定する判断がなされる可能性は低い。
3. 納税者が現実に居住している場所がどこであれ，納税者が外部に対し，郵便物を受領する等連絡の窓口でもある住所として明らかにしている場所は住所にあたる（平成4年11月19日東京地判・税資193号459頁）。

第2部

国税・地方税の審査請求編

国税に関する不服申立ての流れ

　国税に関する不服申立てについては，国税不服審判所のパンフレット等で分かりやすく解説されています。
　ここでは，その概要を確認するとともに，一般情報ではあまり触れられていない点を解説します。

❶ 国税に関する不服申立ての流れ

　現在の（平成28年4月1日以後に行われた処分に対する）不服申立ては，次のような流れになっています。
　税務署長，国税局長または税関長が行った処分については，その処分をした税務署長，国税局長または税関長に対してする「再調査の請求」か，国税不服審判所長に対する「審査請求」かのいずれかを選択することができます。
　留意点としては，国税局調査部（調査査察部）など（いわゆる「国税局所管法人」）の調査に基づいてされる更正処分等は，税務署長による処分ですが，その処分通知書には，「この処分は国税局の職員の調査に基づいて行いました。」との記載がされています。このような処分は，国税局長がした処分とみなされますので（国通75②一），処分通知書は，税務署長名ですが，再調査の請求をする場合には，提出先は国税局長になります。教示文（次頁）にもその旨が記載されていますので確認しましょう。
　もっとも，誤ってその税務署長宛てに再調査の請求をしたとしても，税務署長経由でできる旨の規定があり，その税務署長に再調査の請求書を提出した時に再調査の請求をしたとみなされますので，実害はありません（国通82）。
　国税庁長官が行った処分に対する不服申立ては，国税不服審判所長に対する審査請求をすることができず，国税庁長官に対する審査請求を経てから訴訟を提起するという流れになります。
　たとえば，公益法人等に財産を寄附した場合の譲渡所得等の非課税の特例に係る承認は，国税庁長官に対して行いますので（租税特別措置法40），その承

1 国税に関する不服申立ての流れ

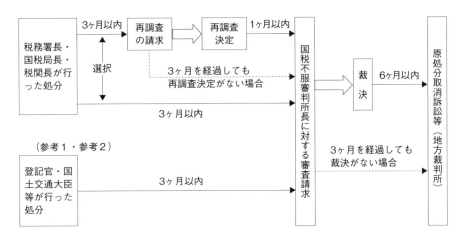

認申請が認められず不服申立てをする場合などがこれに当たります。

なお，上図の登記官の処分に係る審査請求事件の例としては，請求人が登録免許税法第31条第3項に基づく再使用証明を受けた日から5年を経過した後に

<教示文>

（通知用）

　　　　　　　　　不 服 申 立 て 等 に つ い て

　　　　　　　　　　　　　　氏　名 _____ 殿

【不服申立てについて】

○　この処分に不服があるときは，この通知を受けた日の翌日から起算して3月以内に_____
　　_____に対して再調査の請求又は国税不服審判所長（提出先は，_____首席
　　国税審判官）に対して審査請求をすることができます。

○　再調査の請求（法定の再調査の請求期間経過後にされたものその他その請求が適法にされていない
　　ものを除きます。）についての決定があった場合において，当該決定を経た後の処分になお不服があ
　　るときは，当該再調査の請求をした方は，再調査決定書の謄本の送達があった日の翌日から起算して
　　1月以内に国税不服審判所長に対して審査請求をすることができます。

　　　　　　　　　　　　　　　　<以下略>

登録免許税の還付請求をしたところ，登録免許税の還付請求権は時効によって消滅していると認められた事例（平16.2.10東裁（諸）平15－181）があります。

また，国土交通大臣等の処分に係る審査請求事件の例としては，原処分庁が請求人の自動車重量税が未納付であるとして行った納税告知処分の違法が争われた事例（平20.9.29東裁（諸）平20－47）があります。

ところで，輸入品に係る関税・消費税については，特殊な流れになります。すなわち，輸入品に係る消費税等についての更正処分等は，その消費税等の納税地を所轄する税関長が処分庁となりますので（国通30④，33③）その処分について再調査の請求をする場合は処分庁である税関長に対して行うか，審査請求をする場合には，国税不服審判所長に対して行うことになります。他方，関税法その他の関税に関する法律の規定による処分については，その税関長に対する再調査の請求を行うか，財務大臣に対する審査請求を行うことになります（関税法89，91）。

輸入消費税と関税の処分は，輸入消費税の課税標準が関税課税価格（いわゆるCIF価格）に消費税以外の個別消費税および関税の額に相当する金額を加算した合計額とされているためリンクしているにもかかわらず，審査請求については申立先が異なることになります（下表）。十分にご留意ください（参考：関税基本通達第8章（不服申立て））。

	再調査の請求	審査請求
関税	税関長	財務大臣
輸入消費税		国税不服審判所長

2 国税不服審判所における事件審理

　審判所における事件審理の流れは，審判所のパンフレット(＊)でわかりやすく紹介されていますが，実際に審査請求をしたことがない場合は，イメージをつかみにくいと思います。そこで，今回は，一般的な説明をした上で，個人的なコメント（Comments）も加えてみます。
　もっとも，コメント（□囲み部分）は，あくまで筆者の経験を踏まえたものです。つまり，個々の事件に関する取り扱いで審判官の裁量などが認められている部分については，その審査請求事件の規模や特性などに応じて，コメントと異なる取扱いになる場合もありますので，ご留意願います。
　（＊）　p56参照

1　審査請求書の提出　　　　　　　　　　⇨パンフレット㋐

　審査請求は口頭によることはできず，必ず書面でしなければなりません。所定の審査請求書の様式（p66〜67）である必要はないのですが，法定された項目を記載しなければなりません（国通87）。

Comments

> 　審査請求書の様式を用いていない書面を審査請求書として扱うケースを見たことがありますが，その際，必要事項の記載や記載内容の趣旨確認のための形式審査に相当な時間がかかりました。スムーズな手続きを考えますと，やはり，審判所が提供する審査請求書の様式を使用した方が必要事項の記載の漏れも生じにくく，形式審査もスムーズに進むので良いでしょう。

　審査請求人は，審査請求書について正副2通を提出します。原処分庁を経由して審査請求書を提出することもできます（国通88）。
　なお，税理士が代理人に就任する場合には，審判所の「代理人の選任届出書」の様式ではなく，税務代理権限証書を提出します。

第２部　国税・地方税の審査請求編

<パンフレット>

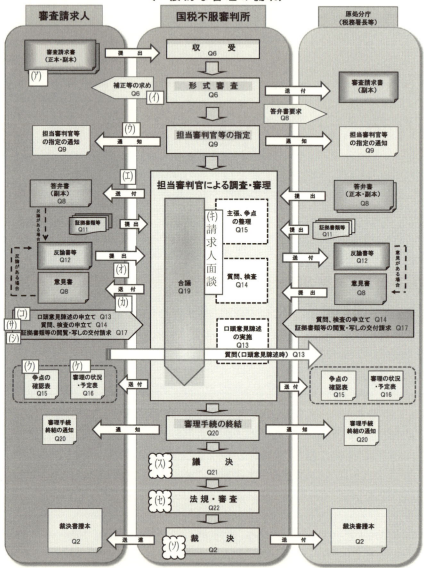

2 形式審査に基づく補正要求　　⇨パンフレット(イ)

　審査請求書を収受した審判所は，審査請求が法律の規定に従っているかについて審査します。これを「形式審査」といいます。通常は担当審判官を指定する前に管理課等の職員が中心になって行います。

　例えば，法定の不服申立期間経過後にされた審査請求は不適法として，この形式審査の段階で却下されることになります。

　審査請求書の記載内容に不備があった場合，補正可能なものは補正が求められます。たとえば，審査請求の対象とする処分として「再調査決定」（改正前の「異議決定」に対応する。）が記載されていた場合，審判所は，請求人に対して原処分を対象とするように補正要求をします。なぜなら，再調査決定は「処分」ですが，不服申立ての対象とならない処分だからです（国通76①一）。

　審査請求書の不備が軽微なもので，調査・審理を行う上で支障のないものについては，審判所が職権で補正をする場合もあります（不審通（審判所関係）91－1（注））。一方で，請求人に補正が求められる場合は，国税不服審判所長が相当の期間を定めることとされています（国通91①）。この「相当の期間」は通常１週間程度と理解されており，補正に応じない場合には却下される場合もあります。なお，審査請求書を審判所の窓口に持参する場合には，提出時に補正を求められる場合もありますので，印鑑も持参するほうがいいでしょう。代理人が提出する場合には，代理人の印鑑でかまいません。

Comments

　形式審査は，多くの場合１ヶ月前後で終わりますが，請求人に電話連絡がつかない場合等には，文書の送付や直接訪問などといったことも行われ，形式審査が長期間に渡るケースもあります。

　改正前の国税通則法では，「答弁書が提出されたときは」担当審判官等を指定するとなっており，形式審査が一応終わって原処分庁に答弁書の提出させる流れが前提になっていました。つまり，それまで担当審判官を指定することはできませんでした。しかし，現在は，上記文言が削除されましたので，形式審査・補正の段階で担当審判官を指定することも可能となりました。

③ 担当審判官の指定通知受領　　　　⇨パンフレット(ウ)

　国税不服審判所長は，審査請求の調査・審理を行わせるため，担当審判官1名及び参加審判官2名以上を指定し（国通94），請求人及び原処分庁の双方にその氏名等を通知します。

　審査請求事件は，基本的には，その対象税目に関係なく順番に合議体(*)に割り当てられることになっています（「順点配布（じゅんてん）」と呼ばれます。）。したがって，国税組織出身の審判官は，通常，専門とする税目（いわゆる「事務系統」俗に「背番号」などとも呼ばれています。）を持っていますが，あらゆる税目の調査・審理を担当することになりますので，そういう観点から専門外でも理解できるように整理して主張することを心がけた方がいいでしょう。

（Word）「合議体」とは，複数の構成員の合意により，その意思を決定する組織体のことです。
　　国税不服審判所では，通常，1名の担当審判官と2名の参加審判官（つまり3名）の合議体で一つの事件の調査・審理を行います。

Comments

　審判所の支部によっては，国際課税（移転価格や国際的な租税回避事案）担当の合議体が決められていることもありますが，国際課税担当であっても専任ではないので，国際課税の事件があまりないときは，一般の事件を担当することになります。

　大阪国税不服審判所にも国際課税担当部門があり，筆者は4年目にその部門に配属されました。しかし，この時期，国際課税の事件はあまり多くなく実際に担当した事件の多くは，一般の事件でした。

　なお，国際部門配属の際は「国際課税担当」と書かれた「補職辞令」を「大阪国税不服審判所長」から受け取りました。つまり，国税審判官への採用の際は「国税庁長官」が任命権者ですが，そこに大阪支部の所長（主席国税審判官）による職務（国際課税担当）が加わるという位置づけのようです。

④ 原処分庁の答弁書受領　　　　　　　　⇨パンフレット㈐

　答弁書は，請求人の主張に対応する原処分庁の主張が記載された書面です（国通93）。形式審査（上記㈑）を通過した審査請求書は，その副本が原処分庁に送付されるとともに，原処分庁には「答弁書」の提出が要求されます。

Comments

　審判所は，答弁書の提出期限については「相当の期間」を定めますが（国通93①），その期間は，事件の事情等に応じて定められます（不基通93－1）。

　私の経験ですが，答弁書の提出期限は2週間を基本とした上で，年末年始など長期休暇を挟むときや職員の異動時期（7月）などは3週間とされることが一般的でした。また，提出期限を延長して欲しい旨の申し出があることもあり，その場合は，事情を聞いた上で提出期限を再設定するなどしていました。このような状況ですので，請求人が答弁書を受領するのは，審判官の指定通知があってから4週間程度先になることもあると思っておいたほうがいいでしょう。

　なお，再調査決定（改正前は異議決定）を経ている場合，答弁書の内容は再調査決定の理由と同様であることが多く，したがって，再調査決定を経ているケースの方が経ていないケースよりも答弁書が早く提出される傾向にあるように思います。

⑤ 請求人の反論書提出　　　　　　　　　⇨パンフレット㈒

　請求人が原処分庁の答弁書に対して反論がある場合には，自らの主張を記載した「反論書」や，その主張を裏付ける証拠書類や証拠物を担当審判官に提出することができます。それらの提出期限は，事件の事情等に応じて定められます（不審通95－1，96－1）。

Comments

　私の経験ですが，答弁書を受領してから反論書の提出までの期間は，通常は，2週間（長期休暇を挟む場合等は3週間）とされることが一般的で

した。しかし，請求人が指定された期限内に反論書を提出することが難しい場合は，担当審判官または担当審査官に連絡（電話）をして，事情を説明すれば，ある程度の期限延長が認められるでしょう。

なお，審査官とは国税審判官の下にある職であり，担当審判官の嘱託により担当審判官と同様の質問検査等の権限が認められています（国通97②）。

実務のポイント

1. 審査請求は，必ず書面によらなければならない。もっとも，審判所が提供する様式を使用する必要はないが，様式を使用する方が形式審査もスムーズに進む。
2. 審査請求書を持参する場合には印鑑も持参する方がよい。審判所からの補正に応じない場合には却下される場合もある。ただし，審査請求書の形式的な不備で軽微なものは，職権で補正されることもある。
3. 審査請求事件は，通常，審判官の専門とする税目に関係なく順番に割り当てられるので，専門外でも理解できるように整理して主張することを心がける。

6 原処分庁の意見書受領　　⇨パンフレット㈹

請求人の反論書に対して，原処分庁として意見（反論）がある場合には「意見書」が提出され，通常はその写しが請求人に送付されます。

Comments

請求人は「意見書」に対する反論があれば，審判所に再度「反論書」を提出することができます。しかし，担当審判官の立場からすると，双方に主張・反論を委ねたままだと，同じ主張が繰り返されて議論の深まりのないまま書面の応酬が続くこともあります。書面提出のサイクルを考えると，主張とそれに対する反論の書面が一往復するのに1月以上かかります。

審判所は，1年以内の処理を目標としており，審理のスケジュール管理

も担当審判官の仕事です。そこで、当事者から同じ主張が繰り返される場合には、その旨を指摘するなどして書面の応酬が延々と続かないように担当審判官が当事者に指揮することもあります。

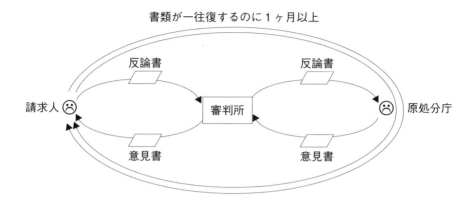

7 担当審判官による調査・審理

（主な手続きに関する様式は第5部に掲載）

① 請求人面談　⇨パンフレット㈭

　請求人面談は、直接の法令上の根拠はありませんが、担当審判官は、主張の確認、整理並びに証拠書類等の提出を請求人に要請するなどの手段として「面談」を実施するのが通常です。

　「主張」の確認、整理（例えば、主張の趣旨が不明瞭であったり、一見矛盾したりする場合に、そのような点について担当審判官等が質問を発して明らかにしようとします）のことを「（求）釈明」といい、その内容は「釈明陳述録取書」という書面に記録されます。一方で、主張されている事実関係の有無に関する審判官の質問に対する請求人等の回答（これを「答述」といいます）は「証拠」であり、審判官は「質問応答記録書」という書面を作成して、どちらも回答者に署名押印が求められることになります。

　なお、原処分庁職員の質問に対する回答は「申述」といいます。

Comments

　面談の時期やスタンスは，支部や合議体の方針によって違いがあると思いますが，私の経験では，基本的には全件，面談を実施していました。請求人側から考えると，担当審判官等が行う質問から事件審理において重視する点を窺い知る機会にもなりますので，審判所から面談の知らせがなくとも積極的に面談を求めるほうが良いと思います。

② 争点の確認表　　　　　　　　　　　　　　　　⇨パンフレット(ク)

　担当審判官は，請求人及び原処分庁から提出された主張書面に基づいて争点(*)を整理した結果を示すものとして，双方に送付されるのが「争点の確認表」です。

　これには，①争われている原処分，②争点，③争点に対する双方の主張が整理し簡潔に記載されていますが，審判所の理解が正しいとは限りませんので，よく確認し，場合によっては訂正等を求めることが必要です。

(*)　Word「争点」
　　主に課税要件事実について当事者の主張が食い違っている点のことをいいます。

③ 審理の状況・予定表　　　　　　　　　　　　　⇨パンフレット(ケ)

　「審理の状況・予定表」には，答弁書などの書類の提出状況，その時点での争点，調査・審理の状況，今後の予定などが記載されています。

8　調査・審理の過程で請求人ができる申立て等

　請求人は，審判官に以下の行為を求めることができます。そして，その際は審判所に所定の書面を提出します。手続のための用紙は，審判所のホームページにもあります。

① 口頭意見陳述

　請求人は，自らの主張を書面で提出する以外に，担当審判官に対して口頭で審査請求に係る事件に関する意見を述べる「口頭意見陳述」の手続を申立てることができます（国通95の2）。

　現在は，改正後の通則法により，口頭意見陳述は，原処分庁（現実的にはそ

の担当者（（注）調査担当者ではありません。））も招集して行われ（国通95の2，84），請求人は担当審判官の許可を得て原処分庁に対して質問を発することができます（国通95の2）。

② 質問，検査等の申立て

請求人は，担当審判官に対して，審理のための質問，検査等を実施するよう申し立てることができます（国通97①）。申立てを受けた担当審判官は，審理を行うため必要があるときと判断する場合は，原処分庁や関係人等に対する質問，検査等を実施します。

③ 証拠書類等の閲覧・写しの交付請求

審査請求人や原処分庁は，相手方が審判所に任意で提出した証拠書類等や，担当審判官等が職権で収集した証拠書類等の閲覧や写しの交付を求めることができます（国通97の3）。

この点，改正前の通則法は，閲覧のみが認められ，写しの交付を受けることはできず，閲覧の対象範囲も任意で提出された証拠書類等に限られていました。また，閲覧ができるのは請求人のみで原処分庁には閲覧は認められていませんでした。

改正によって，閲覧対象の範囲は，職権で収集した証拠書類等にも広がっていますが，審判官が審理手続において作成した審理関係人等の陳述内容が記載された書面（具体的には「質問調書」等）は対象となっていません。

9 議決から裁決まで

① 審理手続の終結

担当審判官は，「必要な審理を終えたと認めるとき」は審理手続を終結します（国通97の4①）。また，そのほか，指定した期間内に反論書や答弁書等の提出がなく「更に一定の期間を示して」提出を求めたにもかかわらず提出がなかったときも，審理手続を終結することができるとされています（国通97の4②）。この「必要な審理を終えたと認めるとき」とは，担当審判官および参加審判官が，その審査請求に関する事件の調査および審理を行い，合議により，議決（国令36）をするのに熟したと判断したときをいいます（不審通（国税通則法関係97の4－1）。

審理手続が終結したときは，審理関係人に対して速やかにその旨が書面で通知されます（国通97の4③，不審通97の4－3）。審理手続が終結すれば，反

論書や証拠書類等の提出，口頭意見陳述の申立て，閲覧・写しの交付請求などをすることができません。

　もっとも，指定期間内に書面提出がなくとも，必ずしも審理手続が直ちに終結されるわけではありません。担当審判官は，審理不尽にならないように十分な考慮をし，その終結が当事者にとって不意打ちにならないように，審理手続の終結予定時期が電話または書面で連絡されるなどの対応がとられるようです。

② 議決　　　　　　　　　　　　　　　　　　　　⇨パンフレット(ス)

　審理が終結すると，担当審判官および参加審判官は，最終合議により審査請求に係る事件に対する結論を出します。これを「議決」といい，それを書面にしたものを「議決書」といいます。

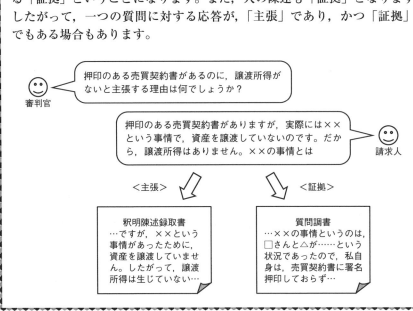

Column　「主張」と「証拠」

　請求人面談においては，主張の確認，整理や証拠の提出要請が行われます。ここで「主張」と「証拠」は違うことをしっかり理解しましょう。

　例えば，請求人が領収書を示して「経費の額は○○円である。」と申し立てる場合，その申立てが「主張」であり，その領収書が，主張を裏付ける「証拠」ということになります。また，人の陳述も「証拠」となります。したがって，一つの質問に対する応答が，「主張」であり，かつ「証拠」でもある場合もあります。

Comments

　議決書は，裁決書と異なり外部には出ません。事務の流れとしては，「議決書」がそのまま「裁決書(案)」として法規・審査部門（「大阪国税不服審判所の場合は審理部」）へ引き継がれます。

　もっとも，法規・審査部門において「裁決書(案)」の表現や構成が変更されることも多くあります。また，事件によっては，議決前や，さらに早期段階から，合議体と法規・審査担当者とで議論の場を設けるケースもあります。

③　法規・審査　　　　　　　　　　　　　　⇨パンフレット(セ)

合議体の議決について，行政庁として法令解釈の統一性が確保されているか，文書表現は適正か，固有名詞等に誤りはないか，計算は正確か，事実関係の基礎とした証拠は適切か，などといった点について，「法規・審査部門」が審査します。多くは，その事件の税目を専門とする審判官や審査官が担当します。

④　裁決　　　　　　　　　　　　　　　　　⇨パンフレット(ソ)

裁決は，国税不服審判所長が合議体の議決に基づいて行われます（国通98④）。したがって，唐突に合議体の結論と異なる結論で裁決がされることはありません。

実務のポイント☞

1．面談のお知らせがなくても，積極的に審判官に面談を求めるほうがよい。

2．争点の確認表は，よく確認し，場合によっては訂正等を求めることが必要。

3．審理手続の終結通知があった後は，反論書や証拠書類等の提出，書類の閲覧請求等ができない。

第2部　国税・地方税の審査請求編

審査請求書（初葉）

正本　収受日付印

(注) 必ず次葉とともに、**正副2通**を所轄の国税不服審判所に提出してください。

国税不服審判所長		① 審査請求年月日	平成　　年　　月　　日

審査請求人

②	住所・所在地（納税地）	〒　　－　　　　　　電話番号（　　）
③	（ふりがな）氏名・名称	（　　　　　　）　㊞
④	個人番号又は法人番号	
⑤ 総代又は法人の代表者	住所・所在地	〒　　－　　　　　　電話番号（　　）
	（ふりがな）氏名・名称	（　　　　　　）　㊞

※総代が互選されている場合は、総代の選任届出書を必ず添付してください。

代理人

| ⑥ | 住所・所在地 | 〒　　－　　　　　　電話番号（　　） |
| | （ふりがな）氏名・名称 | （　　　　　　）　㊞ |

※委任状（代理人の選任届出書）を必ず添付してください。

| ⑦ 原処分庁 | （　　　）税務署長・（　　　）国税局長・その他（　） |
| ⑧ 処分日等 | 原処分（下記⑨）の通知書に記載された年月日　平成　年　月　日付
原処分（下記⑨）の通知を受けた年月日　　　　平成　年　月　日 |

※更正・決定・加算税の賦課決定などの処分に係る日付であり、**再調査の決定**に係る日付とは異なりますから御注意ください。

審査請求に係る処分（原処分）

⑨ 処分名等（該当する番号を○で囲み、対象年分等は該当処分名ごとに記入してください。）

税目等	処分名	対象年分等
1 申告所得税（復興特別所得税がある場合には、これを含む。）	1 更正（更正の請求に対する更正を含む。） 2 決定	
2 法人税（復興特別法人税又は地方法人税がある場合には、これを含む。）	3 青色申告の承認の取消し 4 更正の請求に対する更正すべき理由がない旨の通知	
3 消費税・地方消費税 4 相続税 5 贈与税	5 加算税の賦課決定　a 過少申告加算税　b 無申告加算税　c 重加算税 6 その他〔　　　　〕	
6 源泉所得税（復興特別所得税がある場合には、これを含む。）	1 納税の告知 2 加算税の賦課決定（a 不納付加算税、b 重加算税）	
7 滞納処分等	1 督促〔督促に係る国税の税目：　　　　〕 2 差押え〔差押えの対象となった財産：　　　　〕 3 公売等〔a 公売公告、b 最高価申出者の決定、c 売却決定、d 配当、e その他（　　）〕 4 相続税の延納又は物納〔a 延納の許可の取消し、b 物納の申請の却下、c その他（　　）〕 5 還付金等の充当 6 その他〔　　　　〕	
8 その他（　　）		

| ⑩ 再調査の請求をした場合 | 再調査の請求年月日：平成　年　月　日付
◎ 該当する番号を○で囲んでください。
1 再調査の決定あり　……………　再調査決定書の謄本の送達を受けた年月日：平成　年　月　日
2 再調査の決定なし |

2　国税不服審判所における事件審理

正本

審　査　請　求　書　（次葉）

審査請求人（氏名・名称）

| ⑪ 審査請求の趣旨 | ◎ 原処分（再調査の決定を経ている場合にあっては、当該決定後の処分）の取消し又は変更を求める範囲等について、該当する番号を○で囲んでください。
　なお、次の番号2の「一部取消し」又は3の「その他」を求める場合には、その範囲等を記載してください。
　　　　1　全部取消し ……… 初葉記載の原処分の全部の取消しを求める。
　　　　2　一部取消し ……… 初葉記載の原処分のうち、次の部分の取消しを求める。
　　　　3　その他 ………… ［　　　　　　　　　　　　　　　　　　　　　　　　　　］
〔一部取消しを求める範囲〕 |

| ⑫ 審査請求の理由 | ◎ 取消し等を求める理由をできるだけ具体的に、かつ、明確に記載してください。 |

| ⑬ 正当な理由がある場合 | ◎ 下記の場合には、原則として審査請求をすることができませんが、「正当な理由」がある場合には審査請求をすることができます。下記に該当する審査請求をされる場合には、「正当な理由」について具体的に記載してください。
　・ 再調査の請求をした日の翌日から起算して3月を経過していない。
　・ 原処分があったことを知った日（原処分に係る通知書の送達を受けた場合には、その受けた日）の翌日から起算して3月を経過している。
　・ 再調査決定書の謄本の送達があった日の翌日から起算して1月を経過している。
　・ 原処分に係る通知書の送達を受けた場合を除き、原処分があった日の翌日から起算して1年を経過している。
〔正当な理由〕 |

| ⑭ 添付書類 | ◎ 添付する書類の番号を○で囲んでください。
　1　委任状（代理人の選任届出書）又は税務代理権限証書
　2　総代の選任届出書
　3　審査請求の趣旨及び理由を計数的に説明する資料
　4　原処分の通知書の写し
　5　再調査決定書の謄本の写し（再調査の決定がある場合）
　6　個人番号確認書類
　7　身元確認書類
　8　書類の送達先を代理人とする申出書
　9　その他 |

67

第2部　国税・地方税の審査請求編

 # 地方公共団体における事件審理

　国税の審査請求は，ほとんどの場合，国税不服審判所に対して行いますが，地方税の審査請求の相手先は，多くの場合は，処分した行政庁に対して行うことになります。そして，この審査請求の場面では，処分庁は審査庁と呼ばれます。
　地方税の審査請求では，審理員が事件を審理することや，行政不服審査会等への諮問制度が導入されています。審理員は，通常，審査庁に所属する職員の中から指名されますが，弁護士や税理士など外部の専門家に委嘱される場合もあります。

 審査請求から裁決までの流れ

　ここでは地方税の一般的な審査請求を念頭に事務手続きの流れを解説します。
　なお，地方公共団体の徴収金に関する更正，決定，賦課決定，滞納処分等の一定の処分についての審査請求については，特別の定めのあるものを除くほか，行政不服審査法の規定が適用されます（地方税法19）。

① 　審査請求書の提出　⇨リーフレット(イ)
　処分についての審査請求（法令に基づく申請に対して行政庁が何らの処分も行わないような場合の不作為についての審査請求（行審法3）も同様）は，原則として処分があったことを知った日の翌日から起算して3月を経過すればできなくなります（行審法18①）。また，原則として審査請求は法定された事項を記載した書面により行わなければなりません（行審法19）。これらの点は，基本的には国税不服審判所に対する審査請求と同様となっています。
　なお，地方税に関する不服申立ては，国税のように再調査の請求の手続は定められておらず，審査請求のみとなります。
　審査請求は，処分を行った行政庁に上級行政庁がある場合には，最上級行政庁に，その行政庁に上級行政庁がない場合には，その処分庁に対して申し立てます（行審法4）。この点，実務的には，処分通知書に記載された教示文で提

3 地方公共団体における事件審理

<リーフレット>

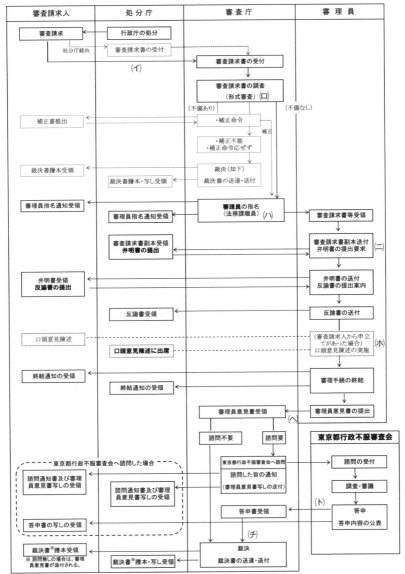

引用：東京都総務局　http://www.soumu.metro.tokyo.jp/12houmu/pdf/
sinnsaseikyuutetudukinonagare.pdf
（最終確認　2018.9.30）
（＊）記号等を加筆

出先を確認することになります。多くの場合，市税の場合は市長，県税の場合は知事等が審査請求書の提出先（審査庁）となります。

審査請求書を受領した審査庁は，形式審査を行い（リーフレット(ロ)），不備があるときは審査請求書の補正が行われます。

② 審理員の指名　⇨リーフレット(ハ)

審査庁は，原処分に関与していない等の一定の要件を満たす審査庁に所属する職員（任期付職員や非常勤職員を含む）の中から審理員を指名します。審理員は，通常は1名で，自己の名において審理手続きを主催します。

審査庁は，審理員を指名した旨を審査請求人及び処分庁等に通知します（行審法9）。

③ 弁明書の提出要求　⇨リーフレット(ニ)

審理員は，審査請求書（副本）を処分庁に送付するとともに，処分庁（不作為庁）に対して相当の期間を定めて弁明書の提出を求めます（行審法29）。

なお，通常，審理員は，審査庁に所属する職員ですから，審査庁と処分庁等は同一ということになりますので，その場合には審査請求書の送付は必要とされていません（同法①ただし書）。

一方，弁明書を受領した審査請求人は，その内容について反論がある場合には，反論書を提出することができます（行審法30）。

④ 審理員の事件審理　⇨リーフレット(ホ)

審理員は，審査請求人（または参加人）から申立てがあった場合には，口頭意見陳述を実施します（行審法31）。審査請求は，基本的には書面審理主義となっています。しかし，権利利益の救済の趣旨から，審査請求人（参加人）には口頭で意見を述べる機会を与えることとされているのです。口頭意見陳述の手続きは，職権で行うことは認められていません。

この口頭意見陳述は，すべての審理関係人を招集して実施することとされていますので，基本的には処分庁の担当者も出席します。審査請求人には，処分庁に対する発問権が認められています（参照：本書p132「口頭意見陳述」）

また，審理員は，審査請求人や参加人から証拠書類等の提出を受け（行審法32〜35），さらに，審理関係人に質問するなどして（行審法36），事件の審理を

行います。

そして、審理員は、必要な審理を終えた後に審理手続きを終結し、その旨を審理関係人に通知します（行審法41）。

⑤　審理員意見書の提出　⇨リーフレット㈥

審理手続きを終結した審理員は、審査庁がすべき裁決に関する意見書を作成し、事件記録と併せて審査庁に提出します（行審法42）。

審理員意見書を受領した審査庁は、その事件が却下事案であるなど、一定の場合を除くほかは、第三者機関（東京都行政不服審査会など）に対して、裁決についての考え方を諮問します（行審法43）。ただし、審査請求人から行政不服審査会への諮問を希望しない旨の申出がされている場合には、諮問の手続を省略できます。

⑥　答申と裁決　⇨リーフレット㈠㈣

諮問を受けた第三者機関は、審査請求事件について調査審議を行い、審査庁に答申を行い、答申書の写しを審査請求人に送付し、答申の内容を公表します（行審法79）。

答申を受けた審査庁は、遅滞なく裁決を行います（行審法44）。

＜参考文献＞
宇賀克也『行政不服審査法の逐条解説』（有斐閣）

･･･ 実務のポイント ･･･

1. 地方税等の不服申立ては、審査庁の職員が「審理員」として審理手続を行うのが一般的であり、その判断の妥当性等をチェックするために、第三者機関の「○○市行政不服審査会」が設置されている。
2. 却下事案など一定の場合には、第三者機関への諮問は行われない。
3. 請求人は、審理員に対して口頭意見陳述の実施を申し立てることができ、口頭意見陳述において処分庁に対する発問権が認められている。

地方公共団体における審査請求では，審理員が中心となって手続きが進んでいくことが大きな特徴です。
審理員の属性は次のとおりです。

審理員候補者の属性
【審理員候補者の所属部署（正規採用職員・再任用職員）】　（単位：団体，％）

	総務部局総務担当課（総務課総務担当班・係）	総務部局総務担当課（総務課法規担当班・係）	処分部局総務担当課（処分課総務担当班・係）	処分部局法規・制度担当課（処分課制度・法規担当班・係）	処分部局処分担当課	総合調整担当部局（総合調整担当課）	その他	回答数
国の行政機関	1 (10)	0 (0)	2 (18)	0 (0)	1 (10)	0 (0)	9 (82)	11 (100)
都道府県	0 (0)	13 (28)	3 (6)	1 (2)	2 (4)	0 (0)	26 (55)	47 (100)
市区町村	351 (30)	201 (17)	30 (3)	3 (0)	42 (4)	17 (1)	544 (46)	1,188 (100)
一部事務組合等	194 (45)	22 (5)	14 (3)	0 (0)	37 (9)	4 (1)	158 (37)	429 (100)
合計	546 (33)	236 (14)	49 (3)	4 (0)	82 (5)	21 (1)	737 (44)	1,675 (100)

【審理員候補者の属性（任期付・特別職等）】　（単位：団体，％）

	弁護士	行政書士	公認会計士	税理士	社会保険労務士	学職経験者	公務員OB	その他	回答数
国の行政機関	1 (100)	0 (0)	0 (0)	0 (0)	0 (0)	0 (0)	0 (0)	0 (0)	1 (100)
都道府県	8 (62)	0 (0)	0 (0)	0 (0)	0 (0)	0 (0)	3 (23)	2 (15)	13 (100)
市区町村	201 (77)	5 (2)	2 (0)	13 (5)	2 (0)	9 (3)	22 (8)	8 (3)	262 (100)
一部事務組合等	36 (44)	4 (5)	1 (1)	2 (2)	0 (0)	10 (12)	16 (20)	13 (16)	82 (100)
合計	246 (69)	9 (3)	3 (1)	15 (4)	2 (1)	19 (5)	41 (11)	23 (6)	358 (100)

「新たな行政不服審査制度の運用に関する調査研究　報告書」平成29年3月（一般社団法人　行政管理研究センター）より

3　地方公共団体における事件審理

<審査請求書>

平成　　年　　月　　日

東 京 都 知 事 殿

審 査 請 求 書

審査請求人	住所又は居所		〒
	氏名又は名称	印	☎
	法人代表者の住所又は居所		〒
	法人代表者の氏名	印	☎
代理人	住所又は居所		〒
	氏　　名	印	☎

下記1の処分について、不服があるので審査請求をします。

1　審査請求に係る処分の内容
　……………………………………………………………が平成　　年　　月　　日付けで行った
　………

2　処分があったことを知った日　　平成　　年　　月　　日

3　処分庁の教示の有無及び内容
　(1)　教示の有無　　有　　無　（どちらかを○で囲む）
　(2)　教示の内容
　　　…………………………………………………………………………………………………
　　　…………………………………………………………………………………………………

4　添付書類
　　　…………………………………………………………………………………………………

5　審査請求の趣旨及び理由
　(1)　趣旨
　　　…………………………………………………………………………………………………
　　　…………………………………………………………………………………………………
　(2)　理由
　　　…………………………………………………………………………………………………
　　　…………………………………………………………………………………………………
　　　…………………………………………………………………………………………………
　　　…………………………………………………………………………………………………
　　　…………………………………………………………………………………………………

引用：東京都総務局総務部法務課
http://www.soumu.metro.tokyo.jp/12houmu/yousikisyuu.html　（最終確認　2018.9.30）

第2部　国税・地方税の審査請求編

＜不作為に対する審査請求書＞

平成　　年　　月　　日

東 京 都 知 事 殿

審 査 請 求 書

			〒
審査請求人	住所又は居所		
	氏名又は名称	印	☎
	法人代表者の住所又は居所		〒
	法人代表者の氏名	印	☎
代理人	住所又は居所		〒
	氏　　名	印	☎

　次のとおり、不作為についての審査請求をします。

1　不作為に係る処分についての申請の内容

2　申請の年月日
　　平成　　年　　月　　日

3　添付書類

引用：東京都総務局総務部法務課
http://www.soumu.metro.tokyo.jp/12houmu/pdf/fusakuisinnsaseikyuusyo.pdf

（最終確認　2018.9.30）

4 固定資産税に関する処分についての審査請求事例

　固定資産税は，税理士にとって身近な地方税の一つです。ここでは固定資産税及び都市計画税（以下「固定資産税等」）に関する審査請求事例をご紹介します。

　固定資産税は，いわゆる「台帳課税主義」を採用しており，納税義務者とされる固定資産の所有者は，固定資産課税台帳（＊）に登録されている者です。これは，具体的には，登記簿又は土地補充課税台帳若しくは家屋補充課税台帳に所有者として登記又は登録されている者をいいます（地方税法343）。

　台帳課税主義の考え方は，固定資産税に関する課税客体（家屋の存否など），納税義務者（賦課処分の相手方），非課税要件の判断時点など様々な争点において，判断を左右する重要な要素です。

＜（＊）固定資産課税台帳＞地方税法341九～

固定資産課税台帳	土地課税台帳	登記簿に登記されている土地について一定の事項を登録した帳簿
	土地補充課税台帳	未登記の土地で固定資産税を課することができるものについて一定の事項を登録した帳簿
	家屋課税台帳	登記簿に登記されている家屋について一定の事項を登録した帳簿
	家屋補充課税台帳	未登記の家屋で固定資産税を課することができるものについて一定の事項を登録した帳簿

1 相続放棄したにもかかわらず固定資産税が課された事例

（裁決）茨城県龍ケ崎市　2017/11/17[*1]

〔概要〕本件の審査請求人は，平成28年5月14日に開始した相続の共同相続人のうちの1人でしたが，同年8月4日に相続財産である土地（本件土地）等について相続放棄する旨を家庭裁判所に申し出ていました。しかし，その後，本件土地は第三者の代位請求（＊）によって相続登記が行われ，請求人が所

[*1] 本件は，共有物について連帯して納税義務を有することに関する争点もありますが，ここでは省略します。また，本件裁決では，請求人の主張は認められていませんが，その後，裁判が提起されているかどうかは不明です。

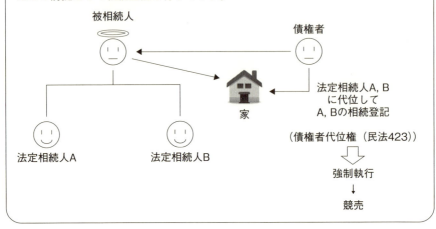

（＊）代位請求による相続登記とは，債務者に相続が発生したときに，その（相続人の）債権者が自らの債権を保全するために，法定相続人に代わって（代位して）相続登記を申請することです。この場合の相続登記は，法定相続分での登記となります。債権者は債務者（被相続人）所有の不動産に，差押登記などをするための前提として相続登記を行うのです。

有者として登記されていました。

　そこで，処分庁は，平成29年1月1日における登記簿上の所有者である請求人に対して，本件土地等についての賦課処分を行い，請求人はその処分の取消しを求める審査請求をしました。

① 処分庁と請求人の主張
・処分庁…相続放棄をしたとしても，賦課期日（1月1日）現在において，登記簿上所有者となっている場合は，その登記簿上の所有者が納税義務者である。
　過去の判例（最高裁大法廷昭和30年3月23日昭和28年（オ）第616号（以下「最高裁判例」）等においても同趣旨の判示がなされており適法である。
・請求人…請求人は相続放棄をしているのだから，請求人に本件土地等の所有権が移転するはずはない。処分庁が課税の根拠とする第三者の代位請求による本件土地等の所有権移転登記は，相続放棄後にその相続登記がされていることから，これを錯誤として更正すべきとして現在関係機関と調整中である。

② 裁決の結論

　地方税法では，固定資産税等の賦課処分を行うに際しては，全ての固定資産についてその真の所有者を逐一正確に把握することが困難であることに鑑み，課税上の技術的考慮から，台帳課税主義を採用しているものと解されている（同法343②前段）。これは，本件賦課期日現在における登記簿上の所有者が真の所有者でないことが明らかであったとしても，形式的に所有者を判断し，その納税義務を負わせるものであるといえる（最高裁判例等）。これら地方税法及び判例の趣旨を鑑みると，民法の規定による実質的な所有権と地方税法における所有者とでは意義が異なるものであるといえる。

　以上のことから，審査請求人は，前述のとおり本件賦課期日現在において，本件土地等に係る所有権の登記がなされ，課税台帳に登録されており，また，同項後段に定める台帳課税主義の例外にも該当しないことから，審査請求人が地方税法第343条第2項前段に規定する本件土地等に係る所有者であることは明らかであり，固定資産税及び都市計画税の納税義務者であると判断せざるを得ない。

　したがって，本件処分については，法令等の規定及びその解釈に従い，適正になされたものであり，何ら違法不当な点は存在しない。

❷　住宅建替中の土地に住宅用地の特例を適用しなかった処分を取り消した事例

（裁決）千葉県館山市　2017/01/27

〔概要〕請求人の住宅用地（本件土地）は，従前から住宅用地の特例（本件特例）の適用を受けていましたが，平成27年12月末に建替えのために本件土地の上に存する住宅（旧住宅）を取り壊し，翌平成28年1月中旬に新築住宅の建設着工をしました。

　そのため，処分庁は，平成28年1月1日時点において住宅建設に着工していなかったこと等を理由に，平成28年分の本件土地に係る固定資産税について，本件特例の適用をしないで賦課処分を行ったために，争いとなりました。

① 処分庁と請求人の主張（要旨）
・処分庁…本件特例（地方税法349の3）の扱いを示す「地方税法の取扱いについて」（平成22年4月1日総税市第16号各都道府県あて総務大臣通知）及

び「住宅建替え中の土地に係る固定資産税及び都市計画税の課税について」（平成6年2月22日付自治固第17号）に照らすと，賦課期日現在に住宅建設工事に着手されていない等の要件を充足していない。したがって，本件特例の適用はない。

・請求人…本件土地を住宅用地として利用するための建築行為を継続しているのだから，処分庁が本件土地に住宅用地の特例を適用しないのは大変遺憾（不当又は違法）である。

② 裁決の結論

処分庁は，建物の取壊し等を確認した時点で固定資産税の課税に影響する可能性があるため，地方税法第403条2項にとおり納税者とともにする実地調査，納税者に対する質問，納税者の申告書の調査等のあらゆる方法によって，公正な評価をするように努めなければならなかった。

本件の固定資産税等の賦課期日である平成28年1月1日において従来の住宅用地が明らかに他の用途に変更されたと認めることは困難であり，住宅建替え中の土地について本件特例を設けている政策の趣旨及び本件土地に係る諸事情を総合的に斟酌すると，処分庁は，本件土地について本件特例を適用させるべきであった。

また，従前の土地は，平成27年度の固定資産税等の賦課期日である平成27年1月1日から平成28年度の固定資産税等の賦課期日である平成28年1月1日までの間に分筆され，処分庁は，平成28年度固定資産税等の賦課期日である平成28年1月1日において，家屋の全てが取り壊されていることを確認してはいるが，本件土地が当該分筆に従ってそれぞれ別の用途に使用されていたと認めるべき主張は見当たらない。

処分庁は，建築確認申請に係る土地地番を理由に挙げるが，処分庁の回答書からも明らかなとおり，本件審査請求が提起された後に判明した事由である。本件特例を適用しないことは，納税者にとって不利益に当たり，不利益な処分をするためには，その旨を事前に納税者に説明しなければならない。処分時点において，処分庁が認識していなかったことなので，遡って不利益な処分をすることは認められない。

以上のとおり，処分庁が「賦課期日である平成28年1月1日に住宅が建って

いないこと」のみをもって本件特例を適用しないことは，不当な処分であり，本件処分は取り消されるべきものであると認められる。

③ 住宅用地の特例適用を争った審査請求

(大阪市行政不服審査会平成28年度答申第5号)

① 概　　要

　平成28年度の固定資産税等の賦課期日は，その年の1月1日であるところ(地方税法359)，その賦課期日において，「専ら人の居住の用に供する家屋」の敷地の用に供されている土地で一定のものについては，その固定資産税の課税標準となるべき価額の3分の1が課税標準となります（地方税法349の3の2①）。この住宅用地の特例の適用があるもののうち，その面積が200㎡以下の住宅用地については，課税標準となるべき価額の6分の1が課税標準となる特例がありますが（(地方税法349の3の2②）。なお，以下，それぞれの特例を「住宅用地の特例」および「小規模住宅用地の特例」といいます。），多くの自治体では，固定資産税の課税客体を把握するために航空写真を活用していますが，本件においても，処分庁は，平成28年1月3日に撮影された航空写真によって，請求人の所有する家屋（本件家屋）の状況が前年と異なることを把握したため，処分庁は，平成28年3月29日に本件家屋の現況調査を行い，平成28年度賦課期日現在，本件家屋は倉庫であると認定し，本件家屋の敷地（本件土地）について，前年までに適用していた住宅用地の特例と小規模住宅用地の特例の適用がないものとして，平成28年度の固定資産税等の賦課決定処分を行い，これらの特例の適用の有無が争いとなりました。

② 処分庁及び請求人の主張

・処分庁…住宅用地の特例が適用される住宅とは，家屋の全部又は4分の1以上の部分を人の居住の用に供する家屋をいうものであり，居住の用に供するかどうかの判断は，構造上及び使用の実態によるもので，特定の者が継続して居住の用に供すること（当該家屋に特定人が生活の実態を有していること）が必要である。

　　本件家屋は，実地調査の結果，居住の用に供しているとも認められない等から住宅用地の特例の適用はしていない。

・請求人…本件家屋は住居として使用していたが，損傷が激しいため一部を解

体せざるを得なかったものであり，設備に若干の不足があるものの，やむを得ず従前どおり住居として使用している。

　本件家屋に備えている設備は□であり，備えていない設備は△である。設備に若干心許ないところがあるものの不便を常と考え我慢すれば生活には困らない。

③　審査会の判断

　審査会は，争点「本件家屋は，住宅用地の特例の対象となる『専ら人の居住の用に供する家屋』に該当するか。」について，次のように判断しました。

　まず，「人の居住の用に供する」については，特定の者が継続して居住の用に供することをいい，賦課期日において現に人が居住していない家屋については，当該家屋が構造上住宅と認められ，かつ，当該家屋が居住以外の用に供されるものではないと認められる場合にのみ，「人の居住の用に供する家屋」とするという解釈を示しました。

　また，構造上住宅と認められるかどうかについては，家屋として構造上不可欠とされる主要な構造部を備えることのほか，継続して居住の用に供するために不可欠な設備（給水設備，衛生設備等）を備えることが必要であるという考え方を示しました。

　個人情報に配慮したためと思われますが，公表された答申書では本件家屋の個別具体的な状況が省略されており詳細は不明です。結論的には，処分庁の現況調査内容を踏まえて「設備の面において，継続して居住の用に供し得る程度のものとは認められなかった」という事実が認定されています。

　以上のことから，本件家屋は賦課期日時点において構造上住宅とは認められず，つまり，上記の①の要件を満たさない結果，住宅用地の特例の適用はないと結論づけられました。

④　税理士業務へのフィードバック

　答申書に要約記載されている審理員意見書によれば，住宅用地の認定に関する処分庁の事務は，「地方税法第349条の３の２の規定における住宅用地の認定について」（平成９年４月１日自治固第13号自治省税務局固定資産税課長通知（以下「自治省通知」。））に基づき行われたようです。そして，この自治省通知は，「人の居住の用に供するとは，特定の者が継続して居住の用に供すること

4　固定資産税に関する処分についての審査請求事例

> **Column**　固定資産の価格に関する不服申立て
>
> 　固定資産税の価格（評価額）対する不服申立ては，通常の市民税等の審査請求の手続と異なり，固定資産税評価委員会に対して「審査の申出」をすることになります（地方税法432）。なお，審査の申出をすることができる年度は，原則として(※)，基準年度（評価替えの年度）のみですから3年に一度であり，平成30年度は基準年度にあたっています。
>
> 　(※)　例外として，固定資産課税台帳に価格（評価額）等を登録した旨の公示の日以後に，価格（評価額）の決定または修正があった場合は，その通知書を受け取った日後3ヶ月以内に審査の申出をすることができます。

をいう。」としています。

　その上で，審理員意見書は，本件家屋への居住の実態についての具体的事実が不明であるとして，居住実態については判断せず，物理的な側面（諸設備）の状況を認定しています。そして，本件家屋について，「現代社会の大阪市という大都市において，通常，日常生活を送る上で必要不可欠であると考えられる諸設備がほとんどない状態であると評価できる。」としています。

　ここから理解できる固定資産税における「居住の用に供する（家屋）」の認定事務は，「居住していた（している）」か否かよりも，その家屋の物理的な側面（通常，日常生活を送ることができるような住宅か否かといった点）に着目していることがわかります。

　答申が示す判断基準では，現に人が居住していなくてもその家屋が構造上住宅と認められ，かつ，その家屋が居住以外の用に供されるものではないと認められれば，「居住の用に供する」との認定が可能となっていますので，その理解とも整合すると考えられます。

　また，審理員意見書で「…大都市において，通常，日常生活を送る上で必要不可欠であると考えられる諸設備がほとんどない」と述べている点に着目すると，家屋の諸設備の状況が同様であっても，その家屋が存する地域によっては（たとえば，実際に人が居住している家屋でライフラインが全て整っていない家屋がそれなりに存する地域の場合は），「居住の用に供する」との認定になる可能性があるといった考え方が読み取れます。

　国税の世界で「居住」というと，例えば，住宅ローン控除における「居住要件」や，小規模宅地の特例における「居住の用」などがあります。これらは，

現に人が居住しているという事実が要件となっていますので，固定資産税でいう「居住の用」とは異なる概念といえ，似たような用語でも，法律（趣旨・目的）が異なれば，その概念も異なるという一例かと思います。

4 その他

他にも次のような事例があります。

① 平成29年5月16日裁決（国分寺市）認容

請求人は，平成28年4月22日，その所有する土地のうち，私道部分（本件私道）に係る固定資産税等の非課税申告書を提出しました。その後，処分庁は，本件私道を「公共の用に供する道路」と認定しましたが，その年の1月末日までに非課税申告書の提出がなかったため，市の事務取扱要領（内規）に基づき，翌年度から非課税として扱い，平成28年分は固定資産税等を課税しました。

請求人は，非課税申告書が提出された段階で速やかに平成28年度の税額が是正されるべきである旨等を主張しました。

裁決は，地方税法は，公共の用に供する道路については固定資産税等を課すことはできないと規定しており，また，その取扱いについて所有者等に申告を義務づける規定は存在しないところ，法規性を有しない内規を根拠として請求人に義務を課し，権利を制限することは適当ではない，審査請求においては賦課期日時点の現況が非課税要件に該当していたかどうかに基づき判断されるべきものと解される，本件私道が，賦課期日時点において，公共の用に供する道路として，非課税の要件を満たしていたことは明らか等として，処分を取り消すべき（28年分から非課税）と結論づけました。

② 平成29年2月28日裁決（高岡市）認容

請求人は，相続により取得した本件土地の地目変更登記を申請して，その地目が「宅地」から「学校用地」に変更されました。しかし，処分庁は，本件土地を宅地として評価して固定資産税を課しました。

本件裁決は，固定資産税上の地目変更について現況によるものとする考え方自体は認めたものの，本件土地が宅地以外であることを否定できない等，処分庁の主張は，本件土地の位置を特定したとするには不十分であり，土地全体としての状況を観察して本件土地の地目を認定したとは言えないとし，処分は不当だと結論づけました。

<「審査の申出」の対象事項>

固定資産課税台帳（補充課税台帳）に登録された価格及び当該価格の算出に影響を及ぼす要因	
土地	・路線価 ・地積 ・適用された画地計算法 ・地目 ・画地形状の認定 ・画地計算に当たって補正等の適用の要否とその補正係数　など
家屋	・家屋の種別・床面積の認定 ・付設した評点数（評点項目，補正係数） ・適用された再建築費評点基準表の種類の適否 ・経年減点，損耗減点，需給事情減点等の補正の適用の要否とその補正係数　など

5　固定資産税の価格に関する不服申立て

　固定資産税に関しては，固定資産税台帳に登録された価格について不服がある場合には，審査請求ではなく，固定資産評価審査委員会に対する「審査の申出」の手続によることになっています（地方税法423条以下）。この「審査の申出」は，原則として，3年に1回の固定資産の評価替え年度（基準年度）においてのみすることができます。ただし，土地の地目変換，家屋の新増築または土地の価格に時点修正があった場合などは，その際に審査の申出をすることが可能です。

　一方，固定資産の上記以外についての不服申立て，例えば，住宅用地に対する固定資産税等の課税標準の特例適用の適否，地籍の認定，課税か非課税かなどといった論点については，審査請求の手続きになります。

実務のポイント

1. 固定資産税の納税義務者は，台帳課税主義により判断されるため，その賦課期日に代位登記で所有者として登記されていた（それ以前に相続放棄をした）者を所有者と認定し，処分を維持した裁決がある。
2. 賦課期日において住宅が建っていないことのみをもって，住宅用地の特例の適用をしなかった処分を不当であるとして判断して処分を取消した裁決がある。
3. 固定資産税は賦課期日における現況で課税されるから，その現況により「公共の用に供する道路」と判断し，非課税要件を満たすとして処分を取り消した裁決がある。
4. 固定資産税の固定資産税台帳に登録された価格に関する不服申立ては，審査請求ではなく固定資産評価審査委員会に対する「審査の申出」である。
5. 現に人が居住していない家屋であっても，その家屋が構造上住宅と認められ，かつ，その家屋が居住以外の用に供されるものではないと認められれば，固定資産税の住宅用地の特例の対象となり得る。

5 不動産登記に関する処分についての審査請求事例

　不動産の所有権移転登記の申請に対して，登記官がその登記申請を却下した場合には，登記官を経由して，処分をした登記官を監督する法務局又は地方法務局の長に対して審査請求をすることができます（不動産登記法156）。この審査請求については，行政不服審査法の一部の規定が適用除外とされ，審査請求期間が法定されない（行政不服審査法18条の適用除外），利害関係人の参加を認めない（同法13条の適用除外，その他，例えば，25条（執行停止）2項から7項，31条（口頭意見陳述）が適用除外）など，やや特殊な手続きとなっています（不動産登記法158）。また，審理員制度は導入されていますが，行政不服審査法43条1項柱書にある場合に当たりませんので，第三者機関には諮問されない仕組みです。
　ここでは，不動産登記に関して法務局・地方法務局の長に対して行われた審査請求事例を取り上げます。
　なお，登録免許税に関して登記官が行った処分に不服がある場合には，国税不服審判所長に対して審査請求を行います（国通75条1項3号）。

1　筆界の特定を目的とする登記申請の却下処分に対する審査請求

◆平成29年2月16日裁決（認容）（審査庁：盛岡地方法務局）

○事案の概要
　審査請求人が，筆界特定事件として4件（対象土地Aほか。以下「本件各申請」という。）を申請したところ，筆界特定登記官は，実地調査等の結果から，①申請された対象土地が隣接関係になく，②申請が対象土地の所有権の境界の特定を目的としているので，不動産登記法（平成16年法律第123号。以下「法」という。）第132条[*1]第1項第2号及び同第5号の規定に基づき，本件各申請を却下した。

---

*1　裁決データベースの原文が引用する条文は，不動産登記法第131条《筆界特定の申請》ですが，処分根拠法令は同法132条ですので訂正しています。

○請求の趣旨
　これに対して，審査請求人は，処分庁の却下理由について以下のとおり主張し，本件却下処分が不当であるとして処分の取消を求める審査請求を行った。
1　申請された対象土地が隣接関係にないとの却下理由について
　対象土地に関して地図が備え付けられ，その効力があるという状況にあって，かつて備え付けられていた公図を根拠として隣接関係にないと判断したことに不服がある。また，筆界未定地であることは，隣接関係にないとする理由にはならない。
2　申請が対象土地の所有権の境界の特定を目的としているとの却下理由について
　公図に不備があり筆界が正しく反映されていないとして筆界の特定を求めているのであって，所有権の境界の特定を求めているものではない。
○裁決の理由
1　申請された対象土地が隣接関係にないとの却下理由について
　実地調査において，少なくとも通常求められる調査又はこれに相当する調査を実施した上で判断するのが相当と考えられ，そのような調査を経ず，また，そのような調査をしない特段の理由のないまま，法第132条第1項第2号に該当するとしている点において，処分庁の判断は不当である。
2　申請が対象土地の所有権の境界の特定を目的としているとの却下理由について
　本件各申請の申請書によると，申請人である審査請求人は，筆界の特定を求めることを申請の趣旨としていることが明らかであり，本件各申請が所有権界の特定を目的としているとした処分庁の判断は，不当である。
　また，処分庁は，地図と公図等との間で土地の位置関係が大きく異なっているのは，所有状況等を基に地図が作成されたことが原因であると推認した上で，その地図を基にした審査請求人の筆界の主張は，所有権の境界の特定を目的としているものであるとしているが，推論の上でこのような判断をすることは，もとより不当である。
3　したがって，本件審査請求には理由があることから，却下処分を取り消す。

Comments

　筆界特定制度は，ある土地が登記された際にその土地の範囲を区画するものとして定められた線（ Column 参照）を，筆界特定登記官が明らかにする制度です。筆界調査委員という専門家が，これを補助する法務局職員とともに，土地の実施調査や測量などさまざまな調査を行った上，筆界に関する意見を筆界特定登記官に提出し，その意見を踏まえて，筆界を特定します。

　上記「請求の趣旨」の2については，請求人は，土地の「筆界」の特定を求める申請をしたにもかかわらず，登記官が「所有権界」の特定を目的としていると解してその申請を却下したことが不当である旨を主張し，裁決は，請求人の登記申請は，筆界特定を求める申請であったと判断しました。

　土地の筆界と所有権界は概念が異なるものですが，筆界と所有権界が事実上一致するような場合もありますので，却下されるのは，筆界の特定とは無関係に所有権の成立範囲を求めるような場合と言われています。したがって，この裁決を見る限りでは，筆界の特定と無関係とまではいえないと思われますので，妥当な裁決といえるでしょう。

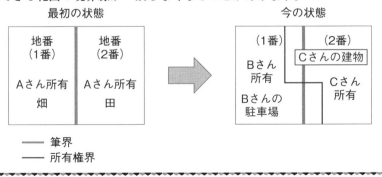

Column　筆界と所有権界の違い

　どちらも隣接する土地の境界線のことを指しますが，筆界は，ある土地が登記された際にその土地の範囲を区画するものとして定められた線であり，隣接土地同士の地番の境界線を意味します。所有者同士の合意などによって変更することはできません。原始的には，筆界と所有権界とは一致していますが，その後，売買・交換，時効取得などによって，所有権を行使できる範囲の境界線が一致しなくなることがあります。

2 登記申請の却下処分に対する審査請求

◆平成29年6月28日裁決（認容）（審査庁：横浜地方法務局）

○事案の概要

請求外Aは，始期付き贈与（始期：A死亡）として，審査請求人B，その妻C，その子D，同Eの4名に対し，持分各4分の1ずつ贈与する契約（以下「本件死因贈与契約」という。）を締結した。B，C，D，Eの4名は，始期付所有権移転仮登記（以下「本件仮登記」という。）を受けた。その後，Cが死亡し，さらに，その後，Aが死亡した。審査請求人らが，本件仮登記に係る亡C持分について，相続を原因として，B，D，Eへの法定相続による持分全部移転の登記の申請（以下「本件申請1」という。）及び，これに続く本登記の申請（以下「本件申請2」という。）を行った。これに対し，登記官が，本件申請1については不動産登記法第25条第13号により，本件申請2については同条第6号により却下した。

○請求の趣旨

審査請求人らは，本件死因贈与契約における亡Cへの贈与分は，亡AとBとの間で亡Cの相続人であるB，D，Eが相続する旨の合意が存在しており，裁判所も認諾調書においてこれを認めていると主張し，また，登記官は，却下事由として，不動産登記法第25条第6号及び同条第13号を掲げるのみであり，実質的な理由を付していないと主張して，これら2件の却下決定を取り消し，登記の実行を求めるもの。

○裁決の理由

死因贈与については，受贈者が贈与者の死亡以前に死亡した場合であっても，贈与者が別段の意思を表示したときは効力を失わず，受贈者の相続人による代襲受贈が認められると解すべきである。本件申請1においては，亡Aの別段の意思表示に基づき，亡C受贈分が亡C相続人に代襲受贈されたものと認められ，不動産登記法第25条第13号に該当する事由を認めることはできず，登記は実行されるべきであった。また，当該登記が実行されるべきであった以上，本件申請1に続いて申請された本件申請2の登記についても実行されるべきであった。

よって，本件審査請求には理由があることから，本件審査請求に係る処

分を取り消す。

Comments

　死因贈与契約に，民法994条（受遺者の死亡による遺贈の失効）が準用されるかどうかについては，学説や裁判例が分かれています。民法994条が準用されないという考え方であれば，当然に代襲する形で贈与を生じさせる（以下「代襲受贈」といいます。）ということになりますが，準用されるという考え方であれば，別段の意思表示がないときは，贈与者の死亡以前に受贈者が死亡したときはその効力を生じない，つまり，その死因贈与が無効になり，一方，別段の意思表示があるときにはそれに従うということになります。ただ，いずれの考え方によっても，別段の意思表示として代襲受贈をさせる意思表示が認定できる場合は結論が変わりません。

　この裁決は，別段の意思表示を認定して受贈者の相続人による代襲受贈を認めており，妥当な裁決といえますが，登記官が申請を却下した理由が裁決からでは今一つ判然としません。

③ 登録免許税に関する裁決事例

　上記のとおり，登録免許税に関して登記官が行った処分に不服がある場合の審査請求は，国税不服審判所長に対して行うことになります。これは，登録免許税法という国税に関する法律に基づく処分で，国税庁等以外の行政機関の長またはその職員がした処分ですから，国税通則法75条1項3号によって，国税不服審判所長に対する審査請求をすると定められているからです。

　なお，登録免許税法26条1項の規定による認定の処分や同法31条2項に基づく還付通知請求に対する還付通知すべき理由がない旨の通知の処分が審査請求の対象になるとされています。

　国税不服審判所のホームページから，裁決要旨をいくつかご紹介します。

① 課税標準の認定基準
◆1通の申請書で1つの資格に係る登録事項の変更の登録を受ける場合の登録免許税の課税標準である登録件数は，登録事項の数に関わらず1件となるとした事例（平成24年5月9日裁決）
＜争点＞1通の薬剤師名簿訂正申請書により，氏名及び本籍地都道府県名の変

更について薬剤師名簿の変更の登録を受ける場合の登録件数

＜要旨＞原処分庁は，薬剤師名簿の登録事項である氏名及び本籍地都道府県名を，1通の名簿訂正申請書により変更登録する場合，登録免許税法第9条《課税標準及び税率》及び同法第18条《2以上の登記等を受ける場合の税額》の規定からすると，登録免許税の課税標準たる登録件数は2件である旨主張する。

しかしながら，登録免許税法第9条は，登録免許税の課税標準及び税率は，同法に別段の定めがある場合を除くほか，登記等の区分に応じ，同法別表第一の課税標準欄に掲げる金額又は数量及び同表の税率欄に掲げる割合又は金額による旨規定しているところ，同一の申請書により同表に掲げる同一の「登記等の区分」内の登記を受ける場合の登録免許税の額は，登記事項又は登録事項の数に関わらず，その一つの「登記等の区分」の税率を適用して計算した金額になるものと解するのが相当である。本件の場合，1通の名簿訂正申請書により，登録免許税法別表第1の32の(九)のロのうち「(2)に掲げる者に係る登録事項の変更の登録」という一つ「登記等の区分」内において，氏名及び本籍地都道府県名という登録事項の変更の登録を受けるものであるから，当該区分に応ずる登録件数は1件となる。

② 固定資産課税台帳価格がない場合

◆建物価額を認定基準表に基づき認定するのが相当とした事例（平成23年6月30日裁決）

＜争点＞登録免許税の課税標準の額を認定基準表により算定することが相当か否か。

＜要旨＞台帳価格のない建物については，通常，法務局管内の新築建物課税標準価格認定基準表（認定基準表）が用いられているところ，認定基準表の作成に当たり選定された建物の状況と類似しているとは認められず，認定基準表に基づき認定された価額が，登録免許税法施行令附則第3項に規定する「類似する不動産で台帳価格を基礎として登記機関が認定した価額」を表しているとは認められないとし，客観性が認められる当該建物の建築価額によるのが相当であるとして，還付通知をすべき理由がない旨の通知処分は適法とした事例

③ 課税標準及び税額の認定
◆登録地積が実測面積を上回る場合の土地の課税標準を判断した事例（平成24年1月24日裁決）
＜争点＞税額の一部が過大に納付された過誤納金に当たるか否か
＜要旨＞登録免許税の課税標準たる不動産の価額は，基本的には固定資産課税台帳（課税台帳）に登録された価格（課税台帳価格）によるべきであるとしつつ，本件においては，実測面積を上回る課税台帳に登録された地積（登録地積）に基づく土地の課税台帳価格が，登録免許税法第10条第1項に規定する価額（時価）を超えていること及び課税台帳価格を登録地積で除して算出した単価に実測面積を乗じて算出した価格がその土地の時価の範囲内にあることをそれぞれ検証した上で，同価格を課税標準とするのが相当であるとして，還付通知をすべき理由がない旨の通知処分の全部を取り消した事例

> **実務のポイント**
> 1．不動産登記に関する処分についての審査請求は，処分をした登記官を通じて行うことになるが，行政不服審査法の一般的な手続きとはやや異なる特殊な手続きになっている。なお，登録免許税に関する処分についての審査請求は国税不服審判所長に対して行うことになる。
> 2．不動産登記に関する処分についての審査請求においても，民法上の解釈が問題となることがある。
> 3．登録免許税に関する処分についての審査請求は，台帳価格を修正すべき「特別の事情」の有無や台帳価格のない場合の課税標準の額の認定の仕方や台帳価格がある場合でも時価を超えているかどうかについて争われる例が多い。

第2部　国税・地方税の審査請求編

滞納処分等に対する不服申立て①

　滞納処分とは，納税者が税金を任意に完納しない場合に租税債権を強制的に実現する行政処分のことをいい，差押え，交付要求（参加差押えを含む），換価，配当等の手続の総称です（徴収法第5章）。

　滞納国税がある場合は，まず，督促が行われ，差押えなどの徴収手続に入ります（図1）。それぞれが独立した行為ですが，その中には「処分」に当たるものと当たらないものが混在しており，「処分」に当たるものについてのみ不服申立ての対象になります。

　なお，不服申立てをした場合であっても，これら一連の手続の続行は妨げられないというのが原則です。例えば，督促処分をした後一定期間内に完納されないときは，財産の差押え処分（国徴47①一）が行われますが，督促処分に対して不服申立てをしたとしても，差押えの手続の続行は妨げられないということです。ただし，一定の場合には手続の続行が停止されるケースがあります。

　また，徴収処分については，不服申立てができる者は，課税処分の場合と異なり，処分の名宛人に限られない場合も多く，「主張制限」という考え方もよく問題になります。さらに，徴収処分については不服申立期間の例外が定められており，通常よりも短い期間で不服申立てをしなければならないことが多く，注意が必要です。

1　納税義務の成立，確定と滞納

　国税の納税義務は，税目ごとに定められており，例えば，所得税は暦年の終了の時，法人税は事業年度終了の時，消費税は課税資産の譲渡等や保税地域からの引取りの時等に成立するとされています（国通15）。

　もっとも，納税義務が成立しただけでは，その内容が確定したとはいえません。課税標準や税額が確定する一定の手続を経て，租税債務として具体的な納税額（納付すべき税額）が確定します。

　税額確定のための手続は，申告納税方式による国税の場合は，原則として納税申告によりますが，税務調査を経て税務署長等の更正・決定により確定する

〈図1〉 納税義務の確定から滞納税額の発生までのイメージ

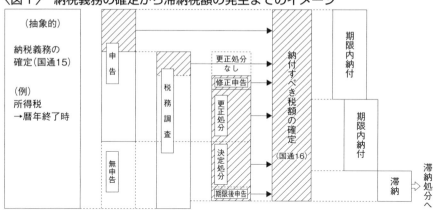

こともあります。

確定した国税は，それぞれ納期限が定められていますが，その納期限までに納税者がその国税を完納しない場合には，滞納となります（図1）。

2 徴収の各手続の「処分」性

① 督促（国通37）

納税者が国税を納期限までに完納しない場合には，一定の場合を除き，税務署長は督促状を発しないといけません。これは，差押えの前提条件となっています（国徴47①一）。

このように督促を受けたときは，納税者は，一定の日までに完納しなければ滞納処分を受ける地位に立たされることになるため，督促は，「処分」に当たると解されています（最判平5.10.8参照）。したがって，督促処分の取消しを求めて不服申立てをすることができます。

② 財産調査（国徴141～147）

財産調査は，滞納処分の対象となる財産を発見等するために必要とされた場合に行われます。財産調査は一種の手続ですから，これ自体は不服申立てができる「処分」には当たりません。しかし，後に続く差押処分の手続違法や権利濫用などに関連して財産調査の方法等が争われることがあります。

③ 差押え（国徴47～81）

差押えは，滞納処分における最初の処分です。徴収職員は，督促後一定期間を

経過しても完納されないときは，財産の差押えを行わなければなりません。差押えが不服申立ての対象とされるケースは多く，「処分」性が認められています。

④　交付要求及び参加差押え（国徴82〜88）

　交付要求とは，滞納者の財産にすでに強制換価手続が開始されている場合に，その手続に参加して，滞納国税への交付（配当）を求める手続です。交付要求は自ら強制的に滞納国税の徴収を実現させるものではない点において差押えとは異なりますが，審査請求では処分性があると解されています。参加差押えは，交付要求の一つで（国徴通86関係1），他の国税や地方税の滞納処分による差押えが先行している場合に，その差押えに後行して差押えをすることです。

⑤　換価（国徴89〜127）

　換価とは，差押財産を金銭に換える処分のことです。差押財産が金銭の場合は，そのまま充当し，債権の場合は，取立てが行われます。差押財産が金銭及び取立てをする債権以外の財産の場合は，公売に付して金銭に換えて滞納国税に充てられます。公売手続の処分性についての一般的な理解は次のとおりです。（○は処分性あり）

　　ア　公売公告　○
　　イ　公売の通知　×
　　ウ　見積価額の決定，公告　○
　　エ　最高価申込者の決定（公告）　○
　　オ　最高価申込者の決定通知　×
　　カ　売却決定　○

⑥　配当（国徴128〜135）

　差押財産が換価された後，その換価代金は，滞納国税その他の債権に配当されます。また，残余金があれば滞納者に交付されます。配当については「処分」に当たるという解釈が一般ですので，これについても，不服申立ての対象となります。

⑦　他に「処分」性が問題となり得る徴収手続

　　ア　還付金の充当　○
　　イ　延滞税（その通知）　×
　　ウ　還付金の振込通知　×
　　エ　取立権（国徴67①）に基づく生命保険契約解約権の行使　×
　　オ　源泉所得税の納税告知　○

6 滞納処分等に対する不服申立て①

〈図2〉 徴収手続の流れ

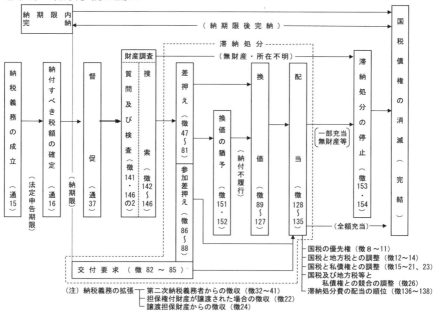

税大講本「国税徴収法（平成30年度版）」より引用 https : //www.nta.go.jp/ntc/kouhon/tyousyu/pdf/01.pdf

3 執行不停止の原則

　国税について不服申立て（再調査の請求・審査請求）をしたとしても，原則として，その目的となった処分の効力やその執行又は手続の続行は妨げられません（国通105）。これを，「執行不停止の原則」といいます。

　しかし，執行の停止を全く認めずに徴収手続をそのまま実行した場合，仮に不服申立てによってその原処分が取り消されたとしても，その実効が伴わないことになります。例えば，換価処分について審査請求をして裁決でその処分が取り消された場合でも，差押財産の換価がすで

> **Column** 国税債権の確保
>
> 　国税は，納税者の総財産について，全ての公租その他の債権に先立って徴収されます（国徴8）。国税にこのような優先権が与えられているのは，①国税の徴収が，国の財政力を確保する上で重要なものであり，また，②契約などの当事者間の同意に基づいて発生する私債権とは根本的に性質が異なるからです。
>
> 　また，手続的な面から見ると，国税債権の確保については，自力執行権が認められています。自力執行権とは，債務不履行があった場合に，債権者自らが，強制的に債権を徴収することができる権限のことです。この点，私債権の回収では，債権者には債務者の財産を直接金銭化する権限は与えられていません。
>
> 　なお，滞納処分では，その国税の徴収の所轄庁である税務署長又は国税局長だけでなく，その税務署又は国税局所属の徴収職員が執行機関となります（国徴182）。課税処分の場合は，税務署の職員が執行機関となることはありません（処分は税務署長等の名で行われます）が，徴収職員には自らの名義で差押え等を行う権限が付与されているのです。
>
> ＜国税債権と私債権の手続の違い＞
> 国税債権（徴収職員等が自力執行）
>
>
>
> 私債権（例：債権者の申立てにより強制執行）
>
>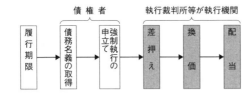

に済んでしまっていたら，処分取消しの実効性がなくなります。

　そこで，国税の徴収のため差し押さえた財産の滞納処分による換価（被差押債権の取立て(注)を除きます）は，不服申立てについての決定又は裁決があるまでは原則としてできないこととされています（執行不停止の例外）。もっとも，差押財産の価額が著しく減少するおそれがあるとき，又は不服申立人から

書面で換価の申出があったときは，換価ができることになっています(国通105①ただし書)。このことは，6-2 で解説します。

❹ 執行不停止の例外

イ　差押財産の換価の停止

　差押財産の換価は，原則として，不服申立ての係属中はできません。しかし，次のいずれかの場合には，不服申立ての係属中でも換価をすることができます(国通105①)。
① 　差押財産の価額が著しく減少するおそれがあるとき，
　又は
② 　不服申立人（不服申立人が処分の相手方でない場合には，不服申立人及び相手方の双方）から別段の申出があるとき

ロ　徴収の猶予又は滞納処分の続行の停止

　不服申立てを審理する行政庁（国税不服審判所長，税務署長，国税局長等）は，必要があると認める場合（＊）には，(イ)不服申立人の申立てにより，又は(ロ)職権で，その不服申立ての目的となった処分に係る国税の全部もしくは一部の徴収を猶予し，若しくは滞納処分の続行を停止し，又はこれらを命ずることができます（国通105②，④）。
（＊）　必要があると認める場合は，例えば，次のいずれかに当たる場合をいうとされています（不基通（国税庁関係）105-2）。
　　　つまり，程度の差はあれ，不服申立てによる取消しの可能性が存在する場合に徴収の猶予等が命じられることになります。

＜滞納処分の概要＞

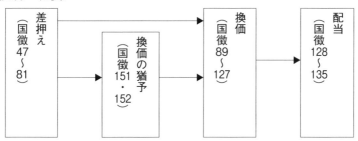

(1) 不服申立ての対象となった処分の全部又は一部につき取消しが見込まれる場合
(2) 徴収の猶予をしても不服申立ての対象となった処分に係る国税の徴収に不足を生ずるおそれがないと認められる場合（不服申立てに理由がないと認められる場合を除く。）
(3) 不服申立てにある程度理由があり，かつ，滞納処分を執行することにより納税者の事業の継続又は生活の維持を困難にするおそれがあると認められる場合

さらに，不服申立人等は，上記の徴収の猶予等（国通105②，④）がされない場合であっても，担保を提供して，差押えをしないこと又は既にされている差押えを解除することを求めることができ（国通105③，⑤），提供された担保が相当と認めるとき（参考：不審通（国税庁関係105－3）iは，再調査審理庁若しくは国税庁長官又は国税不服審判所長は，その求めに応じなければなりません（国令37①）。

一方，徴収の所轄庁は，国税不服審判所長から徴収の猶予等（国通105④）あるいは差押えをしないこと等（国通105⑤）を求められたときは，審査請求の目的となった処分に係る国税の徴収を猶予し，若しくは滞納処分の続行を停止し，又はその差押えをせず，若しくはその差押えを解除しなければなりません（国通105⑥）。

なお，徴収の猶予の申立て（様式は第5部）が認められなかった場合，その認容しない決定（処分）は，国税に関する処分の適用除外とされていますので（国通76①Ⅰ不審通（国税庁関係76－1）），不服申立てをしても不適法（却下）となります。

5 滞納処分に関する不服申立ての期限の特例（国徴171）

国税に関する処分に対する不服申立てができるのは，原則として，処分があったことを知った日の翌日から起算して3か月以内です。しかし，滞納処分については，滞納処分手続の安定を図り，強制換価手続により権利取得等をした者の利益保護を図るために，その処分に欠陥があることを理由としてする不服申立ての期限の特例を設けています。特例が定められている処分は，次のとおりとなっています。

督促	差押えに係る通知を受けた日（その通知がないときは，その差押えがあつたことを知つた日）から3月を経過した日
不動産等についての差押え	その公売期日等
不動産等についての公売の公告（随意契約による売却に係る公売通知を含む。）から売却決定までの処分	換価財産の買受代金の納付の期限
換価代金等の配当	換価代金等の交付期日

　なお，この「処分に関し欠陥があることを理由としてする」不服申立て等というのは，上記各処分自体の不服申立て等ができないだけでなく，上記処分の後続の処分についても，上記各処分が違法・不当であることを理由にして争うことができないという意味も含んでいると解されています。

■参考事例■不服申立ての期限が経過しているとして，不服申立てが却下された事例

〇　国税徴収法第171条第1項第3号の規定によれば，本件公売処分に係る審査請求の期限は，換価財産の買受代金の納付の期限である平成11年2月9日であるところ，本件審査請求は平成11年2月16日に提出されたものであるから，法定期限後にされた不適法なものである。（平12.3.31大裁（諸）平11−101）

〇　国税徴収法第171条第1項第3号は，不動産等についての公売公告から売却決定までの処分に関し欠陥があることを理由とする審査請求は，換価財産の買受代金の納付の期限まででなければできない旨規定しているところ，本件審査請求は当該法定期間を徒過した後にされているから不適法なものである。（平18.12.8東裁（諸）平18−102）

6　「主張制限」に関する事例

　不服申立てにおいても，取消訴訟と同様に（行政事件訴訟法10条1項参照），不服申立人は，自己の法律上の利益に関係のない違法を理由として取消しを求めることができないと解されていますが，これもなかなか馴染みのない考え方かと思います。

　網羅するのは難しいのですが，以下に何点か具体例をご紹介します。

○ 差押処分の滞納者

滞納者が，差押の対象財産が自己に属さないことを主張しても取消理由として扱われません。それは，主張が真実でも，その差押処分によって不利益を受けるのは真正な帰属者とされる第三者であって滞納者ではないことから，滞納者自身の法律上の利益に関係のない主張と整理されるからです。

そもそも滞納者の財産でないとすれば，その財産の差押えがされても，滞納者の法律上の利益に関係がない。

○ 債権の差押処分の第三債務者

被差押債権の第三債務者が，被差押債権の不存在又は消滅や，差押財産の選択誤り等は，主張しても取消理由として扱われません。被差押債権の不存在等は，取立訴訟等で主張すればよく，実際に不存在等であっても執行が空振りに終わったというに過ぎないからです。差押財産の選択誤りも，第三債務者の立場ではいずれにしても履行義務を負うことになるので，いずれも第三債務者自身の法律上の利益に関係しないと判断されるためです。

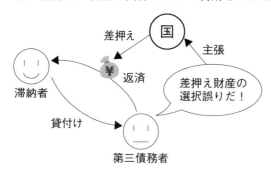

いずれにしても，（返済の）履行義務はあるのだから，その主張は第三債務者の法律上の利益に関係がない。

> **Column**
> 　違法性判断は，処分時点を基準とするというのが通説です。つまり，判決時点において事実関係の変更や法律の改正等があったとしても，原則として，処分時において違法か否かが判断されるということです。

■参考事例■課税処分と差押処分の間で違法性の承継は認められないとした事例

○　請求人は，重加算税の賦課決定処分には重大かつ明白な瑕疵があり違法又は無効であるから，本件差押処分は取り消されるべきである旨主張する。しかしながら，課税処分と差押処分は，それぞれ別個の法律効果を目的とする独立した行政処分であるから，課税処分に重大かつ明白な違法がある場合又は権限ある機関によってこれが取り消された場合でない限り，いわゆる違法性の承継は認められないと解すべきところ，本件賦課決定処分には重大かつ明白な瑕疵はなく，かつ，その取消しもされていないから，請求人の主張には理由がない（平10.10.28関裁（諸）平10－33）。

実務のポイント

1. 納税義務の成立後，一定の手続を経て具体的な納付すべき税額が確定し，確定税額が法定納期限までに完納されないと「滞納」となる。
2. 徴収手続は，それぞれが独立した行政処分や事実行為であり，不服申立ての対象となるものとならないものがある。
3. 処分に対する不服申立てをしたとしても，原則，その処分の効力や処分の続行又は手続の続行は妨げられない（執行不停止の原則）。
4. 徴収処分について不服申立てをした場合において，その処分の取消しの可能性がある場合には，徴収が猶予されることがある。
5. 滞納処分の中には，不服申立ての期限が短い特例が設けられている処分があるので不服申立ての期限徒過に注意が必要である。
6. 自らの法律上の利益に関係のない理由を処分取消しの理由にした場合，その主張は，申立人の法律上の利益に関係がない主張として排斥されることになる。

6-2 滞納処分等に対する不服申立て②

　地方税に関する徴収手続きは，国税徴収法の例によるとされていますので，基本的な手続きルールは，国税と同様です。徴収法の条文の文言の一部が読み替えられて，たとえば，徴収法の「徴収職員」は，「徴収吏員（りいん）」と読み替えられています。
　今回は，地方税の滞納処分に関する裁決をご紹介します。

（参考）
　国税徴収法に規定する滞納処分の例による滞納処分とは，地方税その他の公租公課について，「国税徴収法に規定する滞納処分の例」（地方税法48条1項，68条6項等），「国税滞納処分の例」（行政代執行法6条1項），「国税徴収の例」（厚生年金保険法89条等）又は「地方税の滞納処分の例」（地方自治法231条の3第3項）等により行う滞納処分をいいます（滞納処分と強制執行等との手続の調整に関する法律の逐条通達（国税庁関係）第2条関係 定義1《徴収法に規定する滞納処分の例による滞納処分》）。

 預金払戻請求権等の差押処分の一部が取り消された事例

佐伯市平成29年10月13日裁決（一部取消し）

◆概要◆
　請求人は，市県民税，督促手数料及び延滞金の合計○○○○○○円を滞納していました。そのため，処分庁は，請求人が第三債務者である金融機関に有する普通預金口座の払戻請求権及び債権差押通知書到達日までの約定利息の支払請求権の差押えおよび取立を行い，同日に，これを滞納していた市県民税の一部に配当しました（以下，これらをまとめて「本件処分」といいます。）。請求人は，本件処分の取消しを求めて審査請求をしました。
　裁決は，本件処分の一部を取り消しました。ポイントとなったのは，本件における預金債権の差押えが，給与振込直後であったため，実質的に給与債権の差押えに当たると評価されたことです。

<本件処分>

```
請求人 ──預金──→ 金融機関
              ↑
           処分庁  預金払戻請求
                  権等の差押え
```

〔双方の主張（一部）〕

請求人…処分庁は，請求人の勤務先からの給与が振り込まれる日を認識した上で，同日の金融機関の営業開始直後に，給与によって大部分が形成されている口座を差押えたのであり，実質的には一部差押えが禁止されている給与を差押えたのと変わりがない。

処分庁…本件処分は，普通預金の払戻請求権等を差し押えたものであり，給料の支払者に対する支払請求権を差押えたものではない。

〔結論〕本件では，預金口座の原資が一般財産に混入して識別特定が困難となるようなものではないことが明らかであり，給与が預金口座へと振り込まれたことで預金債権に転化したとはいえても，実質的には給与債権の属性を失ったとはいえず（広島高裁松江支部平成25年11月27日判決例を参照），本件処分に関しては，給与債権自体を差押えたものと評価し，国税徴収法第76条《給与の差押禁止》第1項による取扱いがなされるべきである。

◆解説◆

国税徴収法第76条第1項は，給料等のうちその者の所得税等の源泉徴収相当額や生活費保護費相当額等の一定の金額については，差押えることができない旨規定しています。

裁決は，現代社会において給与の受取方法が現金支給よりも口座振込みが一般的になっていることを踏まえて，本件のように，給与債権を差押えずにそれが預金債権に転嫁されるのを待って差し押える行為は，国税徴収法第76条第1項の趣旨に反するおそれがあると述べました。

そして，本件処分庁は，本件の審理手続中，口頭意見陳述の場で審理員に対し，「請求人に係る国税徴収法第76条第1項による差押可能額は，○○○円」と回答していたことを踏まえ，その金額を超える部分については審査請求に理由があるとして処分を取消しました。

2 納税通知書の送達があったと認めることができないとして処分が取り消された事例

高知市平成29年12月5日（取消し）

◆概要◆

　処分庁は，請求人が市県民税を納期限を経過しても納付しなかったため，督促状を発した上で，その督促手数料の加算処分を行いました。その後，請求人は，市県民税の納付は行いましたが，督促手数料加算処分に不服があるとして審査請求をしました。

　裁決は，本件処分を取り消しました。ポイントとなったのは，本件処分の前提となる納税通知書が請求人に送達された事実が認定できなかったことです。

〔双方の主張（要旨）〕

請求人…地方税法は，納税通知書は通常到達すべきであった時に送達があったものと推定されると定めているが，納税通知書は請求人の元に届いていない。（本件処分は違法又は不当である。）

処分庁…納税通知書は，平成28年11月15日に総務部総務課を経て郵便局に発送しており処分庁へ返送されていない。その後，納付がされていないことを確認して督促状を発付し，本件処分を行った。地方税法の送達の推定規定から，反証がない限り処分庁が請求人に対して納税通知書を発送した日から1日から2日後に当然に請求人の元へ送達されているものと推定される。本件処分には違法又は不当な部分はない。

〔結論〕

　処分庁から提出された発送記録に関する書類をもって，処分庁が発送の記録（地方税法20⑤）を作成していると認めることができないため，納税通知書の送達があったものと推定することはできない。

◆解説◆

　書類の送達について定める地方税法第20条は，「通常到達すべきであった時に送達があったものと推定する」と規定しています。また，その場合，地方団体の長は，その書類の名称，送達を受けるべき者の氏名，あて先及び発送の年月日を確認するに足りる記録を作成しておかなければならない旨を定めています（地法20④⑤）。

　しかし，本件処分庁が発送記録とする書類では，地方税法が要請する送達を

受けるべき者の氏名等の一定の項目を確認することができませんでした。

このような納税通知書の送達があったと認めることができないという状況の中で行われた本件処分は，その処分を行う過程・手続に瑕疵があると言わざるを得ず，その余の点について判断するまでもなく違法な処分であるとして，取り消されることとなりました。

なお，書類の送達に関しては，国税においても，通常の取扱いによる郵便等について，送達時期の推定の規定を設けており，税務署長等は，書類の名称，送達を受けるべき者の氏名，宛先及び発送の年月日を確認するに足りる記録を作成して置かなければならないと定められています（国通12③）。

3　却下事案

滞納関係の処分については，審査請求の対象が存在していないなどの理由で，審査請求自体が不適法として却下される事案も珍しくありません。

① **処分が解除されて消滅した事例**（長野県地方税滞納整理機構平成29年5月22日裁決）

請求人は市県民税を滞納していたため，㈱○○（第三債務者）に対して請求人が有する支払請求権（平成29年3月支払分以降の売掛金）が平成29年3月22日付で差押えられました。

請求人は，その差押処分が不当であるとして，平成29年4月16日付で審査請求をしましたが，その後，第三債務者と請求人との間の取引が消滅したため，処分庁は，平成29年5月12付で本件差押処分を解除しました。

裁決は，行政処分が存在しないから不適法な審査請求であるとして，却下しました。

◆解説◆

本件の差押対象財産は，請求人の取引先（売上先）に対する売掛金債権でした。差押えがあった後に，取引関係がなくなったことで，処分庁は差押処分を解除したものです。

〔参考〕　将来生ずべき債権であっても，差押え時において契約等により債権発生の基礎としての法律関係が存在しており，かつ，その内容が明確であると認められるもの（将来受けるべき継続的取引契約に基づく売掛代金債権等）は，差し押さえることができます。

② **債権の取立てが行われて差押処分が消滅した事例**（名古屋市平成29年9月29日）

請求人は市県民税を滞納していたため，〇金庫に対して請求人が有する普通預金の払戻請求権等が平成29年8月15日付で差し押さえられました。

請求人は，差押えが事後報告であったことに納得できない旨等を主張しましたが，本件処分の対象となった債権は本件処分の同日に取立てが行われて本件処分はその法的効果は消滅していました。裁決は，既に消滅した処分に行われたもので不適法な審査請求であるとして，却下しました。

◆解説◆

差し押さえた預金に係る債権については，次に，取立てが行われます。取立てが行われることで差押処分の効果は消滅しますので，審査請求の対象とした処分は不存在ということになります。

〔参考〕 取立てとは，徴収職員（徴収吏員）が，被差押債権の本来の性質，内容に従って，金銭又は換価に適する財産の給付を受けることをいいます。

その金銭等は，その後，どこにどれだけ配当するかが計算されることになりますが，国税と地方税等（公課）が競合するときは，国税が優先します（国徴8）。

（＊）交付要求とは，滞納者の財産について差押え等の強制換価手続が行われた場合に，先に差し押さえた執行機関の手続に参加して配当を求める手続のことです。

差し押さえた財産が不動産などの場合は，「換価（国徴89）」を経て滞納金に充当されます。一方，債権の場合は，債務者からの「取立て（国徴67）」を経て滞納金に充当されます。なお，現金を差押えた場合は，滞納金を徴収したも

のとみなされますので（国徴56），換価や取立ての手続はありません。

実務のポイント 👉

1．預金債権を差押えした場合であっても，実質的には給与債権の属性を失ったとはいえないと評価し，国税徴収法第76条の給与の差押禁止として取り扱い，一部を取り消した裁決がある。
2．書類の送達については推定規定が設けられているが，処分庁がその推定の前提となる必要な事項を網羅した記録を作成していなかったため，書類送達の推定規定が適用されなかった（その結果，処分が取り消された）事例がある。
3．処分が解除や取立てにより消滅した場合は，（それが審査請求中に生じたとしても）不適法な審査請求として却下の結論となる。

第3部

審理プロセス編

主張の組み立て方・検討の仕方
（理由附記不備の主張を例に）

　国税不服審判所のホームページには、「裁決要旨」を検索するコーナーがあり、そこでは「争点番号検索」または「キーワード検索」の機能を使って、非公表裁決も含めた裁決要旨を検索することができます。不服申立ての場面では、このような裁決要旨を利用して主張を組み立てるということも重要な検討の視点の一つになるかと思います。
　本編の最初は、「争点番号検索」を利用して、「処分理由の差替え」が争点となった裁決要旨（事例）を抽出してみましょう。
　なお、国税通則法の改正により、平成25年1月1日からは一定のものを除き（いわゆる白色申告の場合でも）、処分理由を提示しなければならないとなっており（同法74条の14①参照）、処分理由が更正（決定）通知書に記載されています。したがって、白色申告についても、青色申告のように「処分理由の差替え」の当否が問題とされる場面が増えているようです。

1　「理由の附記」と「理由の差替え」

　最高裁（例えば、最高裁昭38.5.31第2小法廷判決）は、理由の提示の機能を、次のように説明しています。
① 　処分庁の判断の慎重、合理性を担保してその恣意を抑制する。
② 　処分の理由を相手方に知らせて不服申立ての便宜を与える。
　また、実務的側面からいいますと、理由附記があると、不服申立ての段階で法律上の争点についてある程度整理されていますから、裁判所の負担が軽減されるという機能も指摘されています。

　　※法人税法の条文上は、理由「付記」となっていますが（法法130②参照）、本文中は理由「附記」
　　　で表現を統一してあります。

2　「総額主義」と「争点主義」

　この「理由の差替え」の論点の理解には、「総額主義」と「争点主義」の考え方が深く関係しています。一般に「総額主義」とは、争訟における審理の対

1　主張の組み立て方・検討の仕方（理由附記不備の主張を例に）

> **Column 1**　審判所ホームページ「裁決要旨検索システム」の利用
>
> 「裁決要旨検索システム」は，国税不服審判所トップページ⇒公表裁決事例等の紹介⇒裁決要旨の検索⇒「裁決要旨検索システムへ」ボタンで開くことができます。
>
>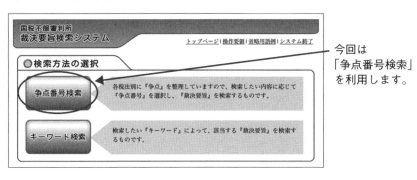
>
> URLはこちら⇒http://www.kfs.go.jp/cgi-bin/sysrch/prj/web/index.php
> 次に，次ページの上部「1．争点番号」の部分にある ［Q 一覧表から選択］ をクリックし，［税目別争点番号の選択］で，税目別になっている争点番号から，目的の「争点番号」を選択します。

象は，処分を根拠づける一切の理由におよぶという考え方です。つまり，課税標準や税額の正当な総額がいくらなのかという点だけが審理の対象になります。たとえば，当初申告を税額50で申告していたところ，税務調査に基づき売上計上漏れを指摘されて税額を80とする処分が行われ，これについて争ったとします。審判所が審理したところ，売上計上漏れはなかったが同額の経費の二重計上が発見され，結果的に認定税額が同じになったとしますと，「売上計上漏れの有無」という争点では，納税者の言い分は認められていますが，税額（総額）でみると，原処分は適法だという結論になります。これが「総額主義」です。

　これに対して一般に「争点主義」とは，争訟における審理の対象は，処分を根拠づける理由の一部（争点）に限定されるという考え方です。ここでいう「争点」の捉え方には，いくつかの考え方がありますが，たとえば，上述した例（税務調査に基づき売上計上漏れを理由に増額更正処分がされたケース）で，売上計上漏れという処分理由を「争点」と捉えると，審理の過程で「売上計

Column 2

「処分理由の差替え」をとりあげてみましょう。該当項目を選択し，ページ下の「確定」をクリックします。

そうしますと，裁決結果や裁決期間などを選択する画面になります。特に指定がなければ，そのままページ下の 検索開始 をクリックしますと，該当する裁決の要旨が抽出されます。

公表裁決で審判所ホームページに本文が掲載されているものは，本文にも飛べるようにリンクされています。

漏れ」が無いと認定されれば，処分は取り消されるべきことになりますし，処分理由を「経費の二重計上」に差し替えることも許されないということになります。

1 主張の組み立て方・検討の仕方（理由附記不備の主張を例に）

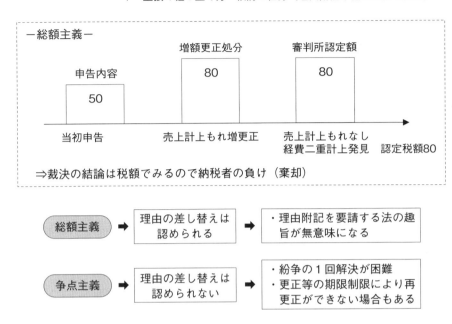

3 処分理由の差替え

　純粋な総額主義の考え方にたてば，争訟の対象となるのは，納付すべき税額がいくらかということになりますから，処分庁は，争訟の際に処分時の理由を差し替えて争うことができるということになります。しかし，それでは，法の趣旨が無意味になりかねません。一方で，純粋な争点主義の考え方にたった場合には，期間制限に反しない限り新しい理由に基づき再更正ができ，紛争の一回的解決が図られないということになります。

　結局，争点主義をとった場合にも，理由の差替えが絶対に求められないと解することは相当ではなく，原処分の理由とされた基本的課税要件事実（＊）の同一性が失われない範囲では理由の差替えは認められると解されているのが一般です。

　税務争訟では，審理対象について基本的には総額主義の立場をとりつつ，争点主義を主張制限の場面で加味して考えているのではないかといわれています。「理由の差替え」を認めた裁判例の大部分は，基本的課税要件事実の同一性が認められる範囲内での理由の差替えの事例であるという評価がされています。

> **Word「課税要件事実」**
> 「課税要件」は，文字通り納税義務が成立するための要件のことであり，「課税要件事実」は，その納税義務が発生するために必要な具体的事実をいいます。どのレベルの事実を「課税要件事実」と捉えるかは様々な考え方がありますが，たとえば，譲渡所得の場合，譲渡価額がいくらであるか（いくらで譲渡したか）が課税要件事実の一つとなります。

　このように，理論的には「理由の差替え」を巡って，処分の適否を争うこと自体はできますが，現実的には，「理由の差替え」を理由に処分が取り消されるケースは希だったといえます。もっとも，理由附記の程度に問題があり，処分が取り消されるケースは珍しくありません。
　今後は，白色申告についても理由の提示が要求されるようになったことから，青色申告のように「理由の差替え」の当否が問題とされる場面がますます増えるのではないかと思われますので，基本的課税要件事実の同一性すら認められない事例では，積極的に争うことも検討すべきかと思います。
　また，理由附記に関しては，その程度や理由の追加について，どの程度のものであれば違法となるのかという問題もあります。
　税制改正により，平成25年１月１日から原則として更正処分等の際に理由附

･･･実務のポイント･･･

1. 審判所ホームページでは，税目・争点ごとに，裁決要旨を検索することができる（無料）。不服申立ての場面では，このようなシステムも有効利用して，主張の組み立てを検討することも重要。
2. 「理由の附記」には「総額主義」と「争点主義」の考え方が深くかかわっている。税務争訟では，基本的には「総額主義」の立場がとられている。
3. 多くの事例では「処分理由の差替え」が許容されているが，基本的課税要件事実の同一性すら認められない事例では積極的に争うことも検討すべき。

記が必要となりましたが，それ以前においても，青色申告に係る所得計算に関して課税処分が行われるときは処分通知書に処分理由を記載することが必要でした。ここでは，処分の理由の程度に不備があるかどうかについて判断が示された事例をご紹介します。中には，処分取消しに結びついた事例もありますので，処分通知書を受領した際には，そのような観点から「処分の理由」の記載の程度をチェックしてみることも有用です。

❹ 理由附記の根拠法令

まずは理由附記についての根拠法令を確認しておきます。行政が一定の活動をする際に守るべき共通のルールを定めるのは「行政手続法」ですが，国税に関する規定である「国税通則法」の定めは，その特別法として優先します。

平成23年12月税制改正前の国税通則法は，行政手続法の第8条《理由の提示》や第14条《不利益処分の理由の提示》を適用しない旨定めていました。そのため，税法が定める青色申告に係る処分などの一定の処分のみ処分理由の提示が必要とされていました。

しかし，平成23年12月税制改正では，国税通則法の「行政手続法の適用除外」の規定（国通74の14）において，行政手続法の第8条《理由の提示》や第14条《不利益処分の理由の提示》を除くと規定されました。つまり，「除外（適用しないもの）」から「除く」と規定されたのです。そのため，同法が適用開始された平成25年1月1日以後に行われる処分その他の公権力の行使に当たる行為については，理由の提示が必要となったのです。

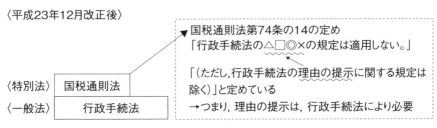

（※）特別法と一般法については，p3参照

5 事例の紹介

① 更正通知書の相続税の総額の計算明細に係る更正額に誤記があることから更正を取り消すべきであるとした請求人の主張を退けた事例（平成2年10月19日裁決・裁決事例集 No.40－1頁）

この事例では，相続税の更正通知書の計算明細が次のように記載されていました。

（単位：円）

	修正申告額	更正額
①総遺産価額	313,971,599	360,837,985
②債務控除額	1,783,400	1,783,400
③3年以内の贈与加算額	27,068,304	誤 27,068,304
④課税価格の合計額	339,255,000	388,776,000

請求人は更正額の①から③を加減算した金額が④に一致しておらず，その一致しない課税価格の合計額に基づき更正をしたことには重大な瑕疵があり取り消すべきであると主張しました。

しかし，審判所は，本件更正通知書の誤記は，手続き上軽微な瑕疵にとどまり，処分の効力に影響がないと判断しています。本件は，手続き上軽微な瑕疵かどうかを一つの判断基準としました。そして，計算明細の一項目の記載ミスだけでは取消理由とはしませんでした。

② 原処分庁が請求人の所得区分及び必要経費を否認して更正処分をした事案について，必要経費性を否認する支出を特定していない理由の提示に不備があると判断した事例（平成26年9月1日裁決・裁決事例集 No.96）

この事例では，請求人が事業所得として申告（白色申告と思われます）をした執筆等に関する報酬を雑所得と認定し，必要経費の一部が家事関連費等に該当するとして更正処分されました。

提示された処分理由は，次のようなものでした。

― 更正通知書 ―――――――――――――
＜旅費交通費否認の理由要旨（一部）＞
（イ）平成21年分

1 主張の組み立て方・検討の仕方（理由附記不備の主張を例に）

> 請求人は，本件業務に係る旅費交通費として1,858,942円を必要経費に算入しているが，当該旅費交通費は，その主たる部分が業務遂行上必要であり，かつ，その必要である部分を明らかに区分することができる支出金額10,110円以外の金額は，明らかに区分することができないことから，所得税法第45条第1項第1号に規定する家事関連費等に該当する。したがって，当該旅費交通費のうち1,848,832円は，雑所得の金額の計算上必要経費に算入されない。〈〜以下略〜〉

本件における審判所の考え方は次のようなものです。

> 原処分庁が更正処分を行うに当たっては，その前記の原処分庁の恣意抑制及び不服申立ての便宜という趣旨目的を充足する程度に具体的に更正の根拠を明示するものであって，判断過程を逐一検証し得る程度に記載されている限り，法の要求する更正の理由の提示として欠けるところはないと解するのが相当である。
>
> また，更正の理由の提示は，誤りがあるとされる項目が数個ある場合には，項目ごとに理由を示して行う必要があることはいうまでもないが，更正の理由の提示の違法は，処分の手続に関するものではあるけれども，更正の理由は項目ごとに別個であり，その一部の項目の理由の不備が当然に処分全体を違法ならしめると解すべき理由はない。そうすると，数個の項目のうちの一部の項目についての理由の提示に不備があったとしても，それがいまだに更正全体の理由の提示を不備ならしめる程度に至らないときは，処分全体を違法ならしめるものではなく，処分のうち当該項目に関する部分を違法とするにすぎないものと解するのが相当である。

そして，審判所は，本件の各事情を踏まえて，具体的な根拠法条が示されていないことのみをもって理由の提示に不備があるとまで言えないと結論づけました。

また，雑所得の必要経費該当性の判断に係る理由については，一部必要経費として認められる費用についてその金額を示しているのみで，具体的にいつ，誰に対し支払った，どのような内容の費用（あるいは費用の一部）を必要経費として認めたのかを特定しておらず，その結果として原処分庁が必要経費性を

否認した費用の特定もされていないから，当該費用の内容すら理解できないものであって，必要経費該当性をおよそ判断できないものであり，摘示された事実からは更正の理由を検証し，その適否について検討することはできない，処分後に原処分庁が必要経費として認めなかった費用を差し替えることも可能であって，原処分時点における判断の恣意抑制という趣旨目的を潜脱されるおそれがある，として理由の記載に不備があると判断しました。

もっとも，この不備は，所得区分の判断や，他の必要経費に関する判断の理由に影響しないことから更正全体の理由の提示が不備となる程度には至らず，当該経費の判断にとどまるもの，と結論づけられています。

つまり，本件のように白色申告の理由の記載について，否認された経費が具体的に特定されていない場合は争う余地があるということになります。

③　更正の理由の「加算」欄に記載された文言からは，なぜ寄付金に当たると判断したのか具体的な理由の記載が認められず，その理由を知ることができないので，本件更正処分に係る理由附記は法人税法第130条第2項に規定する要件を満たさない不適法なものであるとされた事例（平成11年6月4日裁決・裁決事例集 No.57－371頁）

請求人（法人）は，創業者の配偶者に終身年金を支給していましたが，青色申告後の税務調査において支給累計額12,000,000円を超過する部分は寄付金にあたるとの指摘を受けて，当初修正申告書を提出しました。しかし，その後，それが寄付金には当たらないと考え直し判断を改めて，再度修正申告書を提出したところ，原処分庁から当初修正申告が正しい旨の更正処分を受けました。更正の理由の一部は次のとおりです。

イ「加算」欄の記載
　寄付金の損金不算入額・・・・・・・・・・・・・・・・・・・・・・・・・・・2,810,262円（3,203,248円）
　貴法人は，平成9年6月30日に提出された修正申告書において，平成9年2月24日に貴法人提出の修正申告における寄付金の損金不算入額2,810,262円（3,203,248円）を所得金額に加算していません。
　貴法人が平成9年2月24日に提出された修正申告書に添付した「寄付金の損金算入に関する明細書」の「その他寄付金」に記載している6,000,000円は，貴法人が雑費に計上しているKに対する支給額を同人に対する寄付金とした金額で，

1 主張の組み立て方・検討の仕方（理由附記不備の主張を例に）

> 法人税法第37条第2項の規定により算出された寄付金の損金不算入額2,810,262円（3,203,248円）を修正申告したものであり正当と認められます。
> しかし、当該金額が加算されていませんので所得金額に加算しました。

　本件における審判所の解釈は、「処分の理由は、他の事情から納税者がこれを了知していたか否かに関わりなく、更正の通知書に附記された更正の理由の文面から明らかであることが必要であり、記載すべき理由附記の程度は、帳簿書類の記載自体を否認して更正をする場合においては、そのような更正をした根拠を帳簿書類以上に信ぴょう力のある資料を摘示することによって具体的に明示する必要があり、また、帳簿書類の記載自体を否認するのではなく、事実に対する法的評価の相違による更正処分の場合には、帳簿書類以上に信ぴょう力のある資料を摘示する必要はないにしても、なぜそのような判断に至ったのかという原処分庁の判断過程については、これを省略することなく具体的に記載する必要があると解するのが相当である。」というものです。そして、この解釈に照らして、本件の理由附記は、更正の理由の「加算」欄に記載された文言からは、なぜ本件超過支給金額が寄付金に当たると判断したのか具体的な理由の記載が認められず、その理由を知ることはできないので、法人税法130条2項の要件を満たさない不適法なものと判断し、処分を取り消しました。

　参考：青色申告の理由付記の不備を理由に処分が取り消された最近の裁判例として、大阪高裁平成25年1月18日判決

実務のポイント☞

1. 相続税の更正通知書に数字の記載誤りがあったケースでは、軽微な瑕疵であって処分の効力に影響しないと判断された（事例①）。
2. 必要経費の一部否認について否認費用の特定がされていなかったケースでは、理由提示に不備があるとして、その否認に係る部分のみ処分が取り消された（事例②）。
3. 青色申告に係る理由附記は、ⅰ）他の事情から納税者が理由を了知していたかは関係ないということ、ⅱ）判断過程、理由が具体的に示される必要があることが判断基準として示された（事例③）。つまり、処分理由の記載のみを見て判断過程、理由が抽象的な場合には争う余地がある。

質問応答記録書などの内容確認

　税務署長等が行った処分について不服申立てをする際には、まず、その処分の前提としてどういう事実が認定されているのか、その事実が正しいのかを確認することが重要です。処分の内容によっては、調査時に納税者が申述した内容（質問応答記録書）が証拠となって処分の前提事実が認定されている場合がありますが、このような場合は特に、その原処分の前提となった事実に誤認がないかを確認することが重要です。署名押印は求めないものの、納税者の話が調査報告書等にまとめられ、これが事実認定の基礎とされているケースもあります。
　また、税理士が同席しないところで納税者が質問応答記録書に署名押印して税務署に提出しているケースでは、納税者の申述内容を確認しておかないと、納税者自身が重要と考えている部分と実際の争点とが一致せず、十分な主張ができない場合もあります。
　今回は、質問応答記録書などの証拠を、後日確認するための手段や知識を解説します。

1　個人情報の開示請求

　調査の際に作成される書類（例えば、質問応答記録書）は、調査担当者から直に写しの交付を受けることはできませんが、追って保有個人情報の開示請求をすることができます。ただし、法人に関する情報は「個人情報」に当たらないため、法人自らがその情報の開示を求めることができません。
　具体的な手続は、国税庁のホームページにある「保有個人情報開示請求書」に開示を請求する保有個人情報を記載し（p122に書き方例）、1件300円の収入印紙を準備します。通常は、各税務署の総務課が窓口です。
　不開示情報のいずれかが含まれている場合を除き、開示請求者に開示しなければならないとされており、開示請求をしたあとは、通常30日以内（場合によっては60日以内）に開示・不開示の決定があります。

2 質問応答記録書などの内容確認

◆個人情報（開示請求）の手続等について

ホーム/国税庁等について/情報公開/開示請求等の手続

https://www.nta.go.jp/anout/disclosure/tetsuzuki-kojinjoho/03.htm

この用紙を使います。

第3部　審理プロセス編

<「保有個人情報開示請求書」様式と書き方>

```
保有個人情報開示請求書
                                            整理番号
   ［収受日付印］                              平成29年 ×月 ×日

                    保有個人情報開示請求書

   ＿＿△△税務署長＿＿　殿

                （ふりがな）      たなか ○○
                 氏名           田 中 ○ ○

                 住所又は居所
                 〒
                           大阪市××区○○町       TEL 06（****）****

                 連絡先（上記以外の連絡先がある場合に記載してください。）
                 〒                            TEL （    ）

   行政機関の保有する個人情報の保護に関する法律（平成15年法律第58号）第13条第1項の規定に
 基づき、下記のとおり保有個人情報の開示を請求します。
                              記
                                                          下記（注）参照
 1  開示を請求する保有個人情報（具体的に特定してください。）
   私が平成28年○月○日に△△税務署で**に係る税務調査で調査担当者○○に申述した内容として
   作成された書面で、私が署名押印した文書（質問応答記録書）。
   ※「（本人の）住所又は居所」欄に記載した住所地等以外の場所が納税地となっている場合には、当該納税地を記載してください。

 2  求める開示の実施方法等（本欄の記載は任意です。）
   ア又はイに○印を付してください。アを選択した場合は、実施の方法及び希望日を記載してく
   ださい。
   ┌─────────────────────────────────────┐
   │ ア  窓口における開示の実施を希望する。                                │
   │     ＜実施の方法＞  □閲覧  □写しの交付  □その他（          ）      │
   │     ＜実施の希望日＞ 平成    年    月    日                          │
   │(イ) 写しの送付を希望する。                                           │
   └─────────────────────────────────────┘

 3  手数料
   ┌──────────┬────────────────┬──────────┐
   │                    │                                │ 金額       円    │
   │   手数料           │ ここに収入印紙を貼ってください。│                  │
   │  （1件300円）      │ （消印はしないでください。）   │ 領収証番号 ［確認印］│
   └──────────┴────────────────┴──────────┘

 4  本人確認等
   ア  請求者    ☑本人    □法定代理人
   イ  請求者本人確認書類
      ☑運転免許証  □健康保険被保険者証  □個人番号カード又は住民基本台帳カード（住所記載のあるもの）
      □在留カード、特別永住者証明書又は特別永住者証明書とみなされる外国人登録証明書
      □その他（                                                    ）
      ※  請求書を送付して請求をする場合には、加えて住民票の写しを添付してください。
   ウ  本人の状況等（法定代理人が請求する場合にのみ記載してください。）
      （ア）本人の状況  □未成年者（    年    月    日生）  □成年被後見人
         (ふりがな)
      （イ）本人の氏名
      （ウ）本人の住所又は居所
   エ  法定代理人が請求する場合、次のいずれかの書類を提示又は提出してください。
      請求資格確認書類  □戸籍謄本  □登記事項証明書  □その他（           ）

 ※  整理欄
   ┌───┬────────────────────┬────┬─────┐
   │ 受付 │【請求者本人確認書類識別番号等】        │ 確認印 │ 補正     │
   │ □窓口│                                        │        │ □有     │
   │ □送付│                                        │        │ □無     │
   └───┴────────────────────┴────┴─────┘
```

（出所）　国税庁HP＞調達・その他の情報＞個人情報の保護＞開示請求等の手続
　　　　https://www.nta.go.jp/sonota/sonota/kojinjoho/tetsuzuki/03.htm の「①保有個人情報開示請求書」

（筆者注）　「1　開示を請求する保有個人情報」については、「別紙」として、「開示請求者に対して平成○○年
　　　　○○月○○日付でなされた○○処分に関し作成された、質問応答記録書、調査経過記録書、調査
　　　　結果の説明書及びその他の税務調査に際し作成された書類全て。」などと広くとってもかまいません。

2　質問応答記録書などの内容確認

② 閲覧等の請求（国税不服審判所における審査請求手続）

　審査請求の場面では，原処分調査時に納税者が署名押印した「質問応答記録書」は，証拠として原処分庁から審判所に提出されると考えられます。そうであるなら閲覧請求等の手続（国通97の3①）をすれば，審判所において質問応答記録書の閲覧（あるいは写しの交付）をすることで質問応答記録書などの内容確認が可能です。

　ただし，国税通則法97条の3は，97条1項については2号のみを閲覧等の対象にしているため，原処分庁から審判所に提出された証拠書類は閲覧請求等の対象に含まれていますが，審判官が質問検査権を行使して作成された質問調書や調査記録などはその対象ではありません。

　また，原処分庁から審判所に証拠として提出されていない物件については，審判官に対して，原処分庁が所有している物件の提出を求めることを申し立てることができます（国通97①二）。

　ただし，審判官が「審理を行うため必要がある」と認めなければ，調査権限が行使されることはありません。

③ 文書提出命令の申立て（訴訟段階）

　民事訴訟においては，裁判所に対する文書提出義務が定められています（民訴法220）。例えば，課税庁が訴訟において引用した文書を自ら所持するときは（同法一），それを裁判所に提出することを拒むことはできませんし，公務員の職務上の秘密に関する文書でその提出により公共の利益を害し，又は公務の遂行に著しい支障を生ずるおそれがあるもの（同法四ロ）などの除外事由（以下，ここでは「提出除外事由」といいます）に該当しなければ提出義務の対象となります。

〔参考〕 福岡地判平成26年4月21日税資第264号-75（順号12456）〔TAINS Z264-12456〕

　本件の納税者は，「長男が錯誤によって修正申告書を提出したものであるから，無効または取消し得るものである。」などと主張して訴訟を提起し，その訴訟において，文書提出命令の申立てをしました。
　申立て対象とされた文書とそれぞれについての裁判所の判断は次のとおりです。

① 個人課税部門重要事案審議会審議表（付表）（結論×）
　（この文書は，）課税庁内部の調査手法等が混然一体となって記載されていると認められ，さらに，この文書が税務調査に係る審議のための資料として作成されたものであることからすれば，これを公開することにより課税庁内部の調査手法，着目点及び意思形成過程等が明らかになり，その提出により税務行政の適正な執行に著しい支障を生ずる具体的おそれがあるというべきであるから，提出除外事由に該当する。

② 調査経過等の報告書（結論×）
　（この文書は，）申立人らからの聴取事項に基づき，申立人らの私事に関する事項を記載したものではあるが，それらが課税庁内部の調査手法等と混然一体となって記載されているということができること等から，提出除外事由に該当する。

③ 調査事績事項等兼チェックシート（一部提出義務を認める）
　（この文書は，）事前通知や承諾など調査の手続面の記録，現況調査の実施状況等，借用簿書等の記録，相手方の主張及び対応等が一定の様式に従って記載されており，これが提出されることによって，課税行政の適正な執行の確保が妨げられるとはいえない。
　しかし，この文書のうち，事前通知欄の「指示内容」部分，現況調査欄の「指示」部分及び相手方の主張及び対応欄については，提出除外事由に該当する（課税庁は，これらを除く部分の提出義務を負う）。

④ 調査に関して，担当者自身が自らの備忘を目的として記録したメモ
（結論×）

（この文書は，）調査担当者が税務調査に当たって，対象者に対する確認・質問事項や回答内容について専ら自らの備忘のために手書きで書き留めたものであり，その記載内容及び体裁からすれば，外部に開示することはもとより，課税庁内部の意思形成過程において直接使用することも予定していないものと認められる。この文書は，提出除外事由とされる「専ら文書の所持者の利用に供するための文書」に該当する。

実務のポイント☞

1．誰でも，行政機関個人情報保護法及び番号法の定めるところにより，行政機関の長に対して，その行政機関が保有する自己を本人とする保有個人情報・特定個人情報の開示請求することができる。
2．原処分庁が審判所に提出した証拠は閲覧請求の対象だが，担当審判官等が作成する調査記録や質問調書は対象外。
3．個人が処分を受けた場合は，保有個人情報の開示請求の対象範囲が広く処分後の初期段階から開示請求ができるので第一選択になる。
　一方，法人が処分を受けた場合は，保有個人情報の開示請求での対応は難しく，審査請求段階での閲覧請求等が第一選択になる。文書提出命令の申立ても選択肢としてはあるが，限定的な判断になりがち。

事実認定と立証責任

　課税の有無や処分の適否を巡って争いになるケースの多くは，その前提となる事実の存否について双方の主張が対立しているケースです。つまり，法的三段論法でいうと，小前提に当たる部分の争いです。

　たとえば，税務調査で「売上の一部を帳簿に記載していなかった。」ということが発覚した場合，それが，故意の売上除外として「隠ぺい又は仮装」であると認定されれば，重加算税の賦課につながりますが，逆に，単なるうっかりミスであったと認定されれば（厳密には故意の売上除外と認定できなければ），重加算税の賦課要件を満たさないことになります。

　このように，実務上は，法律の解釈（大前提）よりも，事実認定によって判断を左右するケースが多く，事実認定の知識が重要と言っても過言ではありません。

　また，事実認定を行った結果，事実を認定できないことも起こり得ます。その場合の不利益の負担を（客観的）立証責任といい，この立証責任を理解しておくことで立証活動（反証活動）の程度を見極めることができます。

　ここでは，事実認定と立証責任を詳しく解説することにします。

1　事実認定と経験則

　「事実認定」とは，証拠によって過去の事実を認定する作業です。そして，「証拠」とは，現在に残っている過去の痕跡のことです。

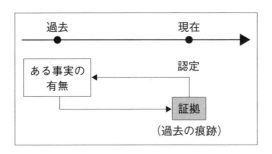

3 事実認定と立証責任

　たとえば，相続税に関して，被相続人の妻名義の預金が相続財産に含まれるかどうか（名義預金）が争点になった場合，様々な証拠から，その預金が相続財産に当たるのかどうかを判断することになります。

　このようなケースでは，たとえば次のような証拠が考えられますが，どれか一つだけの証拠からは，名義預金かどうかを判断するに十分な証拠とは言えません。このような証拠のことを間接証拠(*1)といいます。

　間接証拠しかない場合には，複数の間接証拠を積み上げて，経験則(*2)によって事実を推認して認定することになります。

> (*1)　間接証拠とは，証明したい事実（妻名義の預金が相続財産に該当するということ。）を間接的に証明する証拠のことで，いわゆる状況証拠といわれるものは，間接証拠に当たります。
> 　これに対して，証明したい事実を直接証明する証拠，上記の例でいえば，相続財産であることを直接証明する証拠のことを「直接証拠」といい，典型例は，被相続人と妻との間で当該預金の名義貸しを約した覚書で，このような覚書などがあれば，通常は，名義預金であることの直接証拠といえるでしょう。

> (*2)　経験則とは，一般的に，経験から得られた事物の性状や因果関係に関する法則をいいます。簡単にいうと，こういう事実が存在することを前提にすれば，別の事実が存在するはずと推論できるという法則です。例えば，朝起きて地面一体がぬれているという事実から，夜のうちに雨が降ったという事実があるのではないかという推論ができるというようなものです。

```
                    ＜証　拠＞
┌─────────────────────────┐
│妻名義の預金に使用されている印鑑│
│は被相続人が管理していた        │
└─────────────────────────┘                  認定される事実
┌─────────────────────────┐         ┌─────────────┐
│妻は30年間専業主婦であった      │  経験則  │妻名義の預金は相続│
└─────────────────────────┘         │財産に該当する    │
┌─────────────────────────┐         └─────────────┘
│妻はその預金の存在を知らなかった│
└─────────────────────────┘
┌─────────────────────────┐
│           ：              │
└─────────────────────────┘
┌─────────────────────────┐
│           ：              │
└─────────────────────────┘
```

第3部　審理プロセス編

2　証　　拠

　上記のように，事実認定の材料になるのが「証拠」ですが，売買契約書などといった処分証書(*3)だけでなく，手紙や帳簿といった報告文書(*4)も証拠となり得ます。

　また，人の証言（供述）も証拠となります。人の証言は，課税処分を争った事例においては，「申述（しんじゅつ）」や「答述（とうじゅつ）」として，取り上げられています。

　人の供述は，その証言が信用できるか否かといったフィルターにかけた上で，信用性が認められた場合には，その供述の内容どおりの事実が認められることになります。

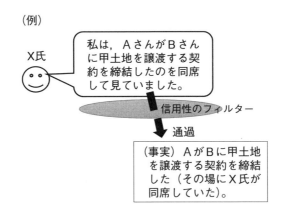

（＊3）「処分証書」とは，意思表示その他の法律行為を記載した文書のことです。他に，遺言書，判決書なども「処分証書」です。
　　処分証書は，それを作成した人が自分の意思で作成したこと，つまり，偽造ではないこと（これを「真正」といいます。）が証明されれば，特段の事情がない限り，記載どおりの法律行為があったと認定されます。

（＊4）「報告文書」とは，作成者の見聞，判断あるいは感想などを記載したものです。領収書も法律行為そのものが記載されたものではないので報告文書に当たりますが，一般的な報告文書と異なり，たとえば大きな金額の売買契約があった場

> 合には，領収書が作成されるのが通常ですから，そのような場合には，特段の事情がない限り，領収書に記載された内容通りの事実（「△△は○年○月○日に○○円を受け取った」，裏を返せば，○年○月○日に○○円を△△に支払った」という事実）が認定されることになります。

◆証言の信用性判断◆

人の証言が信用できるか否かについては，多角的な観点から判断されます。意図的かどうかは別として，見間違い，記憶違い，表現違いが起こり得るためです。信用性の判断にあたっては，例えば，次のような点が重視されます。

> 請求人は，所有する重機等（本件重機等）の売却益を隠匿し現金などを受領した事実はなく，本件重機等の取引に係る各関係人の各申述には信用性がない旨主張する。しかしながら，本件重機等の売却先としたAは裏金作りをしていた旨申述し，また，Aの転売先であるB社元従業員も同様の申述等をし，各申述等は相互に補完し合っており，信用することができると認められるところ，各関係人の申述等やAの銀行口座の入出金の状況などの客観的事実から推認される事実によれば，本件重機等について，請求人は，実際はB社に売却したにもかかわらず，Aに売却したように装い，その虚偽の外形に沿うよう契約書等を作成し，各売却金額の差額（本件差額）の存在を隠匿したと認められ，本件差額からAの手数料と消費税相当額を差し引いた金額は請求人の代表者に現金で手渡されていたことが認められる。（平25.7.1関裁（法）平25－1）

⇒複数の人物の証言の整合性や銀行口座の入出金状況といった客観的事実との整合性をもって，各関係人の申述には信用性があると判断しています。

3 立証責任

　立証責任とは，結論を左右する事実関係の存否を確定できないときに，その事実は存在しないものとして，どちらか一方の当事者に負わせられる不利益（負担）です。

　納税者と税務署との間で事実認定に関する見解の相違が生じるケースでは，間接証拠しか存在しない場合がほとんどです。間接証拠には納税者にとって（あるいは税務署にとって）有利な証拠（積極証拠）もあれば，不利な証拠（消極証拠）もあります。

　複数の間接証拠を積み上げて事実を認定しようとしても，結局，その事実があるのかないのかわからないという結果になることがあります。

　たとえば，「譲渡所得の基因となる資産の譲渡をした」という事実（これを「要件事実」といいます。）の存否が明らかにならなければ，本来は，譲渡所得が生じるのかどうかの結論が出ないということになりますが，いつまで経っても解決しないという不安定な結果では意味がないため，このように事実の存否が明らかにならないときは，その事実はないものと同様にして，判断されることになります。

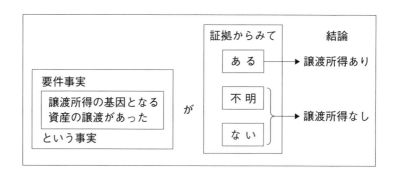

　課税処分の立証責任は，原則として課税庁側にあるとされています（これを「課税庁が立証責任を負っている。」という言い方をします）。つまり，「譲渡所得の基因となる資産の譲渡をした。」という事実の存否が不明なときは，課税ができないと判断されるということです。

　そのように課税庁が立証責任を負っている事実については，納税者の側で，

事実が不存在であることまでは立証する必要はなく，事実の存否が不明になる程度に立証を行えばよいということになります。

> **…∵ 実務のポイント☞ …**
> 1．事実認定において，間接証拠しか存在しない場合は，複数の間接証拠を積み上げて事実を推認することになるが，ここでは経験則というものが用いられている。
> 2．証言も証拠になるが，そのまま事実認定に使われるのではなく，信用性のフィルターにかけられる。信用性のフィルターでは，他の人物の証言との整合性や客観的事実との整合性等がチェックされることになる。
> 3．結論を左右する事実関係の存否を確定できないときは，立証責任を負う当事者に不利な判断をされることになる。課税処分においては，一定の例外を除けば，立証責任は課税庁側にあるとされており，事実関係が争われるケースでは，納税者の側で，事実関係の立証を妨げる活動を中心に行っていくことになる。

4 口頭意見陳述

　不服申立て（再調査の請求や審査請求）における主張は，原則として書面によらなければなりません（書面主義）。しかし，再調査の請求人や審査請求人等は，書面による主張を補うことなどを目的に，担当審判官[*1]に対して口頭で意見を述べることができます。これを「口頭意見陳述」といいます。
　国税不服審判所に対する審査請求の場合は，請求人から口頭意見陳述の申立てがあれば，原則として原処分庁の担当者も招集されます。そして，請求人は，審判官等の許可を得て，処分の内容や理由などについて原処分庁へ質問をすることができます。

1　口頭意見陳述の申立て

　口頭意見陳述は，審判官，再調査審理庁，審理員，行政不服審査会などの主催者側が職権で開催することは認められていません。したがって，口頭意見陳述の開催を希望する場合には，必ず請求人又は参加人から口頭意見陳述を申立てる必要があります。
　以下では，国税不服審判所における審査請求を前提にしていますが，特に言及する部分以外は，口頭意見陳述の内容は，再調査の請求や地方自治体における審査請求におけるものとほぼ同様です。

> (Word)「参加人」とは，不服申立てがされている処分について利害関係を有するものの，不服申立人にはなれない者（⇒不服申立適格）が不服申立てに関与したい場合に使われる手段です。

　口頭意見陳述は，非公開で行われます。申立人は，審判官の許可を得て，補

[*1] 「担当審判官」については，再調査の請求の場合は，審理担当者。地方公共団体への審査請求の場合は，審理員や第三者機関委員と読み替えてください。以下「審判官等」といいます。

佐人とともに出頭することもできます。補佐人とは，一定の事実関係又は法的問題について審査請求人又は参加人を援助することができる第三者のことです。補佐人を帯同したいときは，その旨の申請を行う必要があり，いったん許可が与えられた場合でも，必要に応じてその許可は取り消される可能性があります（不審通（国税庁関係）84－7）。また，補佐人は税理士に限られていませんが，補佐人の行為が税理士法に違反するおそれがある場合などは，許可が与えられないこともあります（不審通（国税庁関係）84－9）。

　口頭意見陳述の申立ては，書面を提出して行うとは規定されていませんが，通常は，手続を明確にするために「口頭意見陳述の申立書」（様式は第5部）の提出が求められます。
　却下相当の事案では，通常，口頭意見陳述の機会は与えられません。また，口頭意見陳述の申立てには回数制限は設けられていませんが，必要性が認められなければ，再度の口頭意見陳述が開催されることは難しいでしょう。
　なお，口頭意見陳述は，審判官等が行う「面談」とは別の手続ですので注意しましょう。

> (Word)「面談」とは，審判官等が，請求人の主張の確認，争点の明確化，今後の主張の追加や変更の意思確認等を行うことを主な目的として開催するものです。また，「面談」は，審判官等が質問検査権の行使（調査）を行う側面もあります。
> 　口頭意見陳述では，主張を明らかにする趣旨の書面である「陳述録取書」が作成されるのが一般的です。これは，審判官が請求人等の意見を聞き取って録取した書面であり，最後に署名押印が求められます。また，質問検査権の行使，つまり，「質問」が行われた場合には，「質問調書」もあわせて作成されて署名押印が求められます。いずれの書面についても，署名押印の前に，内容を十分確認しましょう。代理人が陳述した場合には，代理人の署名押印が求められます。
> 　面談は，法令上の規定はないものの，国税不服審判所では，ほとんどの事案では行われていますが，中には事案の性質上，実施されない場合もあります。
> 　さらに，法令上の規定はありませんが，原処分庁と請求人が同席して，双方が審判官に対して主張の説明等を行う「同席主張説明」という手続もあります。こちらは，一般的に広く行われるものではないようです。

再調査の請求の場合，再調査審理庁（税務署等）における口頭意見陳述では，招集の対象者は，再調査の請求人及び参加人のみです。
　また，行政不服審査法が適用される地方公共団体における審査請求でも，口頭意見陳述の手続は定められていますが，審理員が行うものと審査会（○○市行政不服審査会）が行うものは，次のように異なります。

	審理員が実施する口頭意見陳述	審査会が実施する口頭意見陳述
根拠法令	行政不服審査法31条	行政不服審査法75条
申立人	審査請求人又は参加人	審査関係人（※）
質問権	申立人に認められている	審査請求人や参加人に質問権は保障されていない
招集対象者	全ての審理関係人	特に規定なし

（※）　審査庁も含みますので，審査請求人や参加人だけでなく，審査庁からの申立ても可能です。審査庁とは，審査請求の申立先となった行政庁のことです。

❷　原処分庁への質問

　国税不服審判所における口頭意見陳述は，原則として，全ての審理関係人が招集されます。「審理関係人」とは，審査請求人，参加人及び原処分庁のことです（国通92の2）。
　旧制度の下における口頭意見陳述では，原処分庁の職員が出席することはありませんでしたが，現在は，原則として原処分庁の職員が出席することになっており，また，申立人から原処分庁に対して質問を発することも認められています（発問権）。ただし，発問は，担当審判官の許可を得てする旨が定められていますので，申立人と原処分庁とが直接に質問応答のやりとりは行いません。

　申立人の質問について原処分庁が回答する義務については，法令上の規定は置かれていません。しかし，原処分庁を含む審理関係人には，審理において相互に協力すべき義務があることが定められていますので（国通92の2），原処分庁には申立人の発問に対して適切に回答すべき義務があると解されています。原処分庁がその場で回答できない場合には，後日，書面により回答される場合はあります。原処分庁の口頭意見陳述の場における回答内容については，追って，その内容の交付を求めることもできます。

4 口頭意見陳述

<口頭意見陳述の形式>

国　税		地方税	
再調査の請求 (審理担当者)	審査請求 (国税審判官)	審査請求	
		(審理員)	(第三者機関)
原処分庁は 同席しない	原処分庁は 同席する	処分庁は 同席する	処分庁は 同席しない

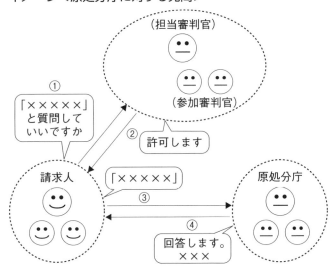

イメージ<原処分庁に対する発問>

　このように，当事者を対立関与させて審判官の面前でそれぞれの主張を述べさせたりする審理の方法を「対審（構造）」といいますが，原処分庁側には発問権が認められているわけではありませんので，ここでは，完全な対審構造ではありません。

　発問は請求人の義務ではありません。原処分庁が出席する必要性がないのであれば，その旨を審判官に伝えて，原処分庁が同席しない方式の口頭意見陳述も可能です。

　なお，地方自治体の審査請求における審理員が実施する口頭意見陳述も審判所と同様の対審になっていますが，国税の再調査審理庁および地方自治体の審査請求における審査会が実施する口頭意見陳述は，対審ではありません。

3 その他留意点

(1) 意見陳述の機会について（参考：不審通95の2－1，95の2－2）

　審判官は，口頭意見陳述の申立てがあった場合には，その申立人の所在その他の事情から，その機会を与えることが困難であると認められる場合を除き，必ず，その申立人に口頭で意見を述べる機会を与えなければならないとされています。

　審判官が，その機会を与えなかったり，申立人にとって意見陳述が不可能に等しい機会を与えたことにより，その陳述が行われないまま裁決が行われた場合には，その裁決は違法となる場合があります。

　ただし，審判官が申立人に適切な機会を与えたにも関わらず，正当な理由なく，その申立人が口頭意見陳述に出頭しないときは，審判官は，審理手続を終結することができます（国通97の4②二）。

　ここでいう「申立人の所在その他の事情」とは，例えば，申立人が矯正施設に収容されていて相当の期間出所の見込みがないなどといった場合を指します。このような特殊な事情がある場合には，審判官がその申立人に口頭意見陳述の機会を与えずに裁決をしたとしても，そのことが理由で裁決が違法とはなることはありません。

(2) 意見陳述の制限等について（不審通95の2－3，95の2－4）

　申立人の行う意見陳述が事件に関係のない事項にわたる場合，既にされた陳述の繰り返しに過ぎない場合，その他その発言が口頭意見陳述の趣旨，目的に沿わないと認められる場合には，審判官は，意見陳述を制限することができます。

　この場合，代理人がした意見陳述の効果は，申立人本人に帰属しますから，申立人本人から改めて口頭意見陳述の申立てがあったときは，代理人がした意見陳述を重複しない限度で認められることになります。このように意見陳述に制限が付されているのは，審理に混乱を生じさせないためといった趣旨によるものです。

　また，申立人が行う質問についても，審判官は，原則としてそれを許可することになりますが，その質問が，審査請求に係る事件に関係のない事項にわたる場合や，既にされた質問の繰り返しにすぎない場合その他口頭意見陳述の円滑な遂行を阻害するおそれがある場合には，質問が許可されない事があります。

この点も，申立人の発問権の濫用によって審理が混乱するおそれがあることに配慮したものです。反対に言えば，そのようなおそれがない場合にまで質問が制限されることはないということです。

(3) **原処分庁の回答の位置づけ**

原処分庁の回答は，申立人の疑問点を解消させて正当な権利利益の救済のための手続の充実を図るためのものであると解されています。

したがって，口頭意見陳述の場における原処分庁の回答について，請求人に有利な新たな証拠（証言）となり得る内容がある場合でも，審判官は直ちにそれを証拠として採用するという建てつけにはなっていませんので，別途，国税通則法97条に基づく「質問，検査等を求める旨の申立書」の提出を検討する必要があります。

＜その他参考条文＞
国税通則法84，95の2
行政不服審査法31，75

第4部

実務応用編

第4部　実務応用編

 争点整理表と法的三段論法

　不服申立てや裁判になると，事実に法律を当てはめて結論が出されますが，その手法として「法的三段論法」が用いられます。また，今では，調査段階においても「法的三段論法」を用いた思考が重視されています。なぜなら，調査担当者は，平成24年7月10日以降の税務調査においては，原則として「争点整理表」を作成して，法的な視点をもって処分をするかどうかを検討しているからです。
　ここでは，「争点整理表」を紹介した上で，「法的三段論法」を中心解説します。「法的三段論法」は大学で法学を専攻された方には馴染みのあるものですが，税理士全体でいうと，あまり広く知られていないように思います。「法的三段論法」を知ることで，税法を適切に使いこなすことができます。また，判決書や裁決書を楽に読めるようになります。

1　争点整理表

　国税通則法が改正され（平成23年12月改正），処分の際に原則として理由附記が必要とされたことなどから，国税庁長官は平成26年6月7日付で「争点整理表」の作成に関する事務運営指針を出しました。
　これが，いわゆる「争点整理表通達」と呼ばれているものです。この通達は，課税庁内部の事務手続きを定めるものですから，国税庁のホームページなどには掲載されていません。しかし，TAINSデータベース（TAINSコード　H240627課総2－21）に掲載されていますので，様式は誰でも入手できます（p141）。もっとも，「争点整理表」は納税者には交付されませんので，税務署等で実際にどのように整理されているかは納税者には分かりません（個人情報開示請求（p122参照）を行って開示が認められても，具体的な内容はマスキングされると思われます）。
　ここでの「争点」とは，調査の際や課税処分などにおいて，当事者（税務署と納税者など）の間で見解の相違が生じている点のことです。そして，この「争点」は，後に説明する「法的三段論法」の大前提を念頭に設定されるもの

140

1　争点整理表と法的三段論法

別添様式

争　点　整　理　表

_____署　_____部門：担当_____
作成理由〔　　　〕類型（　　）

起　案	．．	署審理担当者の確認日　．．
決　裁	．．	署審理専門官の確認日　．．
署　長	副署長	筆頭統括官	審理専門官等	担当統括官等	担当者

| 納税者名 | （　　） | 関係税目 | | 処理見込 | □更正
□決定
□重加算税賦課
□（　　） | 関係法令等 | _____法___条___項
_____法___条___項
_____法___条___項 | 調査着手日
（　．．　） |

〔争点の概要〕

〔争点に係る法律上の課税要件〕

〔調査担当者の事実認定（又は法令解釈）〕	〔納税者側の主張〕
〔上記の根拠となる事実、証拠書類等〕	〔上記の根拠となる事実、証拠書類等〕

〔審理担当者等の意見〕

局整理欄	局主務課への上申日（平　．．　）	指導事項等	（平　．．　）	（平　．．　）	（平　．．　）
	局審理課（官）への支援要請日（平　．．　）				
	処理方針（平　．．　） □更正、□決定、□（　　　　）				

【類型区分】Ⅰ類型：署審理担当者説明事案、Ⅱ類型：署審理専門官説明事案、Ⅲ類型：局上申事案、Ⅳ類型：庁上申事案

141

です。

「争点整理表通達」に書かれた以下の「基本的考え方」からは，争点整理表を作成する目的が読み取れます。

> 「基本的考え方」
> …略…特に，争訟が見込まれる事案については，争訟に至ったとしても，処分の適法性が維持されるよう，原処分の段階から，争訟をも見据えた十分な法令面の検討，争訟の維持に向けた十分な証拠の収集等に取り組む必要があることから，可能な限り早い段階から，審理担当部署による関与・支援が適切に行われるよう，関係する部署がより緊密に連携・協調を図るよう留意する。

2 法的三段論法

「争点」を整理するためには，「法的三段論法」を使います。

具体的には，「①大前提」「②小前提」「③あてはめ」の3段階に分けて考える「三段論法」と同じ要領です。

つまり，「三段論法」は，論理的な思考を示すために思考過程を三段階に分けて論理の道筋をつけることです。たとえば，「①ペンギンは鳥である。」という普遍的な前提と，「②目の前にペンギンがいる。」という前提となる事実から，「③目の前に鳥がいる。」と結論づけるといったことです。

＜三段論法＞

大前提 ──「ペンギンは鳥である。」

小前提 ──「目の前にペンギンがいる。」

結 論 ──「目の前にいるのは鳥である。」

①の前提を「大前提」といいます。「大前提」には，全体のルールを置きます。②の前提を「小前提」といいます。「小前提」には，個別の事実（目の前の事実）を置きます。そして，大前提と小前提から③の結論を導くのです。

もっとも，「①ペンギンは鳥である。」という大前提が間違っている場合や例外があったりする場合，あるいは，「②目の前にペンギンがいる。」という小前提が間違っていたりする場合には，③の結論は成立しません。

これを法律を用いてやるのが，「法的三段論法」です。

分かりやすいように実際の例を若干離れて単純化しますが，たとえば，「①土地の譲渡には譲渡所得が課される。」という大前提に，「② Xさんは土地を譲渡しました。」という小前提があれば，「③ Xさんには譲渡所得か課される。」ということになります。

しかし，「①土地の譲渡には譲渡所得が課される。」という大前提には例外があります。ご存じのとおり，棚卸資産として土地を譲渡する場合には譲渡所得には含まれないからです（所法33②一）。

＜法的三段論法＞

したがって，Xさんが棚卸資産として土地を譲渡したケースでは，この法的三段論法では，正しい結論が導けません。そのケースにおいては，「大前提」が誤っているということになります。

さらに，「Xさんは土地を譲渡しました。」という小前提（目の前の事実）の認定に誤りがある場合にも正しい結論を導くことができません。「事実誤認」といわれるものです。

なお，「法的三段論法」については，比較的最近の裁決書の書きぶりを見ていただくと分かりやすいと思います。つまり，裁決書の法令解釈の部分が「大

前提」，事実認定の部分が「小前提」，あてはめの部分が「結論」になりますので，このような「法的三段論法」を用いて判断をしているわけです。

③ 争点と事実認定

「争点」は，通常，結論を左右する大前提（①）あるいは小前提（②）に関する意見の対立部分です。

上の例を少し整理すれば，納税者が譲渡したとするAという資産が，「譲渡所得の起因となる資産の範囲に含まれるか否か」を巡って当事者が争っているときは，それが争点ということになり，そのようなケースは，大前提（①）つまり法解釈に関する争いということになります。

一方，「Aという資産の譲渡」という事実があったか否かを巡って当事者が争っているときは，それが争点ということになります。そして，そのようなケースは，小前提（②），つまり目の前の事実（事実認定）に関する争いということになります。

事実認定とは，証拠によって過去の事実を認定するということです。過去の事実は，実際に目の前で確認することができませんので，過去の痕跡である証拠をもとにして，経験則を用いて過去の事実を認定するのです。

実務上は，大前提よりも小前提に当たる事実の存否について双方の主張が対立するケースが多いので，証拠から，どのような事実が認定できるのかという「事実認定」の知識は重要といえます。

◆裁決事例における事実認定◆

「事実認定」を巡る争いについて，実際の事例をベースに解説します（ただし，事実関係は簡略化しています）。

平成25年11月27日公表裁決は，歯科医師である個人（X）の事業所得の金額の計算に関して，義母に支払ったとする月20万円弱の給与（本件金員）が必要経費に算入されるか否かが争点となった事例です。（他にも複数の争点がありましたが，争点3－5のみ取り上げます。）

① かなり省略していますが，本裁決における主な事実関係は，次のとおりです。
　(イ) Xは，義母名義の普通預金口座に本件金員を振り込んだ。
　(ロ) Xは，義母のタイムカードを作成していない。

(ハ) Xは，義母の給与支払報告書を義母の住所地へ提出していない。
(ニ) Xの元勤務医及び元従業員は，義母を見たことがないと調査担当者に申述した。
(ホ) 義母は審判所に対して，雇用契約は口頭で交わしている旨や，具体的な勤務状況，業務内容（主に休診日に診療所に赴き，掃除，金庫の中のお金の確認，幼児対象のデコレーション等）などを答述した。
(ヘ) 義母の住所地は診療所と同じ町である。
(ト) 義母は，勤務の対価として本件金員が振り込まれていることを認識し，自ら消費している旨の書面を提出した。

② 上記の事実関係は，Xにとって有利な証拠（積極証拠，プラスの証拠などともいいます。）もあれば，不利な証拠（消極証拠，マイナスの証拠などともいいます。）もあります。イメージとして，ひとまず，次のように位置付けてみます（実はこのような位置づけも評価が分かれるところです）。

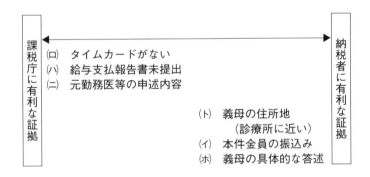

③ 審判所の判断
　結論から言いますと，本件金員は，義母に対する給与として必要経費算入が認められました。判断部分の要旨は次のとおりです。

第4部　実務応用編

　Xの義母は，当審判所に対し，勤務日，勤務時間及び仕事内容等について具体的に答述しており，また，Xの義母の住所地が，診療所に容易に通勤できる範囲内にあったことも考慮すれば，Xの義母という関係から，義母が，診療所の仕事に携わっていたことは否定できない。｝第一パラグラフ

　そして，Xは，給与振込口座に本件金員を振り込んでいるところ，義母は，勤務の対価として，口座に本件金員が振り込まれていたことを知っており，また，義母自身が，本件金員を消費した旨の書面を提出している。｝第二パラグラフ

　したがって，義母が，診療所の業務に従事していたことを否定できず，また，義母自身が給与振込口座に本件金員が振り込まれたことを認識していたことからも，<u>本件金員が，義母が診療所の業務に従事していたことの対価として支払われた給与であることを否定することはできない</u>。｝第三パラグラフ

　この判断部分の第一パラグラフでは，勤務日，勤務時間及び仕事内容等を具体的に答述しており，おそらくはそれらと給与額とのバランスがそれなりに取れていたこと，義母の住所地が診療所に近いという事実，親族であるという事実から，「経験則」によって，「義母が診療所の仕事に携わっていたことは否定できない。」という結論を出しています。

　また，第二パラグラフでは，義母が給与として認識しているということを認定した上で，第三パラグラフでは，「給与であることを否定することはできない。」という回りくどい言い方をしています。これは，要するに，「給与ではない」という認定までは至らなかったということで，給与に該当しないことについての立証責任が原処分庁にあることを前提にした判断です。疑わしきは罰せずだと考えれば理解しやすいでしょう。

> **実務のポイント**
> 1．現在，税務調査の際には，多くの場合「争点整理表」が作成されているが，納税者には交付されないものである。
> 2．税法を使いこなすためには「法的三段論法」が重要である。
> 3．事実認定とは，現在に残っている過去の痕跡（証拠）から過去の事実を認定することである。

＊1　http://www.kfs.go.jp/service/JP/93/04/index.html

2 調査担当者の主張する事実に事実誤認等がないか

　裁決や判決において，原処分が取り消される場合の多くは，処分時の課税庁の事実認定が甘く，法的三段論法でいうところの小前提が変更されるケースといえます。

　調査担当者は，処分にあたって事実認定の材料となる「証拠」を収集し，「争点整理表」を作成します。直接証拠がある場合には，普通は事実関係の認識を巡って納税者と調査担当者との間で見解の相違が生じる可能性は低く，間接証拠しかないために，調査担当者の事実誤認のもとで法令等（大前提）を当てはめて結論が出され（処分され）てしまうという構図が一般的です。

　課税庁においても，本書で触れたような法的な研修は調査担当者向けに実施しているようですが，その研修をどこまで使いこなせるかは，現実には個々の調査担当者の資質に左右されると考えられます。このようなことから，十分な証拠がないままに事実が認定されてしまっているケースは後を絶ちません。特に，重加算税の論点ではその傾向がみられます。また，争訟（再調査の請求，審査請求および訴訟）になった場合は，立証責任の観点から，原処分を維持するハードルが上がる（課税庁が不利になる）ことが多く，そのことが処分取消しに影響しているケースもあります。

　ここでは，原処分が取り消された事例を参考に，原処分時の事実認定のどこが甘かったのかに焦点を当てます。事例には，それぞれ異なる背景事情があるため，よく似た証拠関係であっても認定される事実が異なることもあります。しかし，類似事例における「証拠」がどのようなものであったのかや，争訟になった場合の事実認定の分岐点がどこにあったのかを知ることは，税務調査の場面で事実認定を巡って見解の相違が生じたときにも役立ちます。

　なお，ここでは，各事例を非常に単純化した上で，原処分庁が処分の前提とした事実関係を審判所がどのように否定したのかを解説しています。気になるケースについては，裁決書の原文にあたっていただくことをお勧めします。

第4部　実務応用編

1　相続税の申告をしない旨の意思の合致があった等として重加算税が賦課されたが取り消された事例（平成28年3月30日公表裁決）

http://www.kfs.go.jp/service/JP/102/02/index.html

(a) 〔概要等〕

　本件の被相続人の妻，長男および次男は，相続税の申告期限までに申告書を提出していませんでした。その後，相続税の調査があり（税理士関与無し），その際に，虚偽答弁等があったことから，（長男および次男に対する）重加算税の賦課決定処分および配偶者に対する相続税額の軽減（相法19の2）の不適用などといった処分が行われました。

(b) 〔原処分庁の主張〕

1. 原処分庁主張の大前提（法解釈）の主要な部分は次のとおりです。

　　納税者が，当初から課税標準等及び税額等を申告しないことを意図し，その意図を外部からもうかがい得る特段の行動をした上で，その意図に基づき期限内申告書を提出しなかった場合には，その課税標準等又は税額等の計算の基礎とされる事実の全部の隠ぺい又は仮装に当たり，通則法第68条第2項に規定する重加算税の賦課要件が満たされるものと解される。

2. 次に，原処分庁は，本件の事実関係を次のように整理しています。（以下，下線部分は筆者コメント）

　　本件における一連の行為（※）からすると，長男と次男は，本件相続に係る相続税の申告をしないことを意図した上，両者間でその旨の合意を成立させるという，不申告の意図を外部からもうかがい得る特段の行動をしたものと認められる。

　（※）　原処分庁のいう一連の行為の内容は，①調査担当者に対する長男の申述（「相続税の申告について，次男と話し合ったが，その後，なあなあになってしまった。」旨他），②次男の申述（「相続税の申告は，税務署から問合わせがあってからしたらいいかという気持ちがあったことと，申告をしなければ税金を払わなくていいという気持ちもあった。」旨），および③相続人らが遺産内容や申告義務の存在を知っていたことです。そして，それらを総合

して，長男と次男の間で相続税の申告をしない旨の合意が成立していたと認定しました。

さらに，長男が遺産の大部分が預け入れられていたP証券会社のことを知らないと調査担当者に説明したり，香典一覧からP証券会社の名称が記載された部分を破って破棄するなどの行動をしたため，相続財産を隠蔽する態度，行動をできるだけ貫こうとしていたと評価しています。

原処分庁のロジックを単純化すると次のようなイメージです。

① 長男の申述内容
② 次男の申述内容　　　　　不申告の　　←外部からうかがい得る
③ 申告義務を知っていた事実　合意成立　　　特段の行動である。

さらに，調査時の証拠隠蔽や虚偽答弁　←隠蔽する態度・行動をできるだけ貫こうとしていた

(c) 〔審判所の判断〕

1．審判所の法令解釈（大前提）の主要部分は，次のとおりです。

　…納税者が，当初から相続税を申告しないことを意図し，その意図を外部からもうかがい得る特段の行動をした上，その意図に基づき法定申告期限までに申告書を提出しなかった場合には，課税要件事実の隠ぺい，仮装に基づき法定申告期限までに申告書を提出しなかったものと認めることができるものと解される。

　つまり，重加算税の条文を文言に厳密に解すると，架空名義の利用などといった（積極的な）行為の存在が必要となります。しかし，重加算税の趣旨（悪質な納税義務違反発生の防止等）からすれば，積極的な行為が存在しない場合であっても重加算税の賦課が適法となる場合があるという考え方です（参考：最高裁平成7年4月28日判決民集49巻4号1193頁）。

2．上記解釈を前提に，審判所は，次のような事実関係を認定しました。

　長男及び次男が申告義務の存在を十分認識しながら，あえて期限内申告をしなかったことは明らかである。

　なお，この点に関しては，「当初から無申告の意図があった」というだけ

では重加算税の賦課要件は満たさないと解されていますので誤解しないようにしましょう（参考：平成26年4月17日公表裁決）。

本件では，これに続けて，単なる無申告ではなく重加算税を課すほどの「…特段の行動」に当たる事情があるかどうかの検討が行われています。

3．まず，審判所は，長男と次男の申述を認定しています。

長男は，実地調査に係る事前通知を受けた後，次男に対し，どのように対応すればよいかと相談したところ，次男は，調査担当職員からこれだけ申告するようにと言われたら，それに従えばよい，ただし，申告期限が過ぎているので，こちらからは積極的に財産を開示しない方がいいかもしれないなどと助言したこと，原処分調査において，長男は，調査担当職員に対し，相続税の申告については，次男と話し合ったが，その後，なあなあになってしまった，申告の必要があることは分かっていたが，ずるずると今まで来てしまった，被相続人がP証券との取引があったことを知られたくなかったので，香典メモの破棄行為に及んだ旨申述したこと，次男は，調査担当職員に対し，相続税の申告については，税務署から問合せがあってからすればよいという認識であった，申告をしなければ税金を払わなくていいという気持ちもあった旨申述したことが認められる。

4．そして，上記の申述を踏まえて，原処分庁の認定した事実を否定しました。

しかしながら，基礎事実に上記申述等を総合しても，長男と次男の間で，法定申告期限までに本件相続に係る相続税の申告をしない旨の意思の合致があったとまではにわかに認めることができず，他にこのことを認めるに足りる証拠もないから，原処分庁の上記主張は採用することができない。

つまり，原処分の前提となった「申告期限までに申告をしない旨の意思の合致があった」とまでの事実は，証拠（主に長男や次男の申述）から認定することはできないと審判所は結論づけたのです。

なぜなら，上記3で認定されている兄弟の申述はあまりに漠然としており，何年何月何日にどのような状況下で2人の意思の合致（合意）があったいうことまでを認定することは困難だからです。この点，原処分時には，当事者の漠然とした申述（証拠）から，合意があったと認定してしまったというと

ころに事実認定の甘さがあったといえます。

　もっとも、申告をしないという合意があったとしても、それだけで直ちに重加算税の要件を満たさないことは言うまでもありません。

　なお、審判所は、これに続けて法解釈（上記１）に照らして、本件の事実関係を判断し、本件には当てはまらないと結論づけました。必要に応じて裁決書でご確認ください。

② 「お尋ね」に相続財産を過少に記載して提出したが重加算税の賦課要件を満たさないとして取り消された事例（平成26年４月17日公表裁決）

http://www.kfs.go.jp/service/JP/95/03/index.html

(a) 〔概要等〕

　本件の請求人は、叔父の死亡により不動産や預貯金を相続しました。申告期限前に「相続についてのお尋ね」と題する書面が税務署から届いたため、税務署の相談窓口に出向いて、「相続により取得した遺産の課税価格（６千万円）が基礎控除額（７千万円）以下のため申告は不要と思っています。」などと記載した回答書を提出したところ、実際には基礎控除額を上回っていたために、重加算税の賦課決定処分が行われました。

　原処分庁が重加算税の賦課要件を満たすと主張する理由は次のとおりです。

　なお、争点は①期限内申告書の提出がなかったことについて正当な理由があるか（国通66①ただし書）、②重加算税の賦課要件を満たすか否かの２つですが、②についてのみ取り上げます。

(b) 〔原処分庁の主張〕

１．請求人は、法定申告期限前に税務署の相談担当職員等に複数回にわたって相続税について相談したこと…などからすれば、お尋ね回答書の提出までに相続税の申告が必要と認識していたものと認められる。

　なお、上記原処分庁主張に対する請求人の主張は、税務署の担当職員から言われたとおりに記載しただけで、基礎控除額についても担当職員から教えてもらうまでは知らなかったというものでした。

２．原処分の前提となる法解釈（大前提）は次のとおりです。

重加算税制度の趣旨に鑑みれば，架空名義の利用や資料の隠ぺい等の積極的な行為が存在したことまで必要であると解するのは相当でなく，納税者が，当初から課税標準等及び税額等を申告しないことを意図し，その意図を外部からもうかがい得る特段の行動をした上，その意図に基づき期限内申告書を提出しなかった場合には，重加算税の賦課要件が満たされるものと解するのが相当である。

3．…請求人は，…あえてお尋ね書の用紙の預貯金欄に，一部の預貯金のみを記載し，被相続人から相続により取得した遺産の課税価格が遺産に係る基礎控除額以下である旨の同用紙の記載の下に署名押印してこれをK税務署長に提出したことは，「隠ぺい，仮装と評価すべき行為」（架空名義の利用や資料の隠ぺい等の積極的な行為）に当たる。
　<u>上記のとおり，原処分庁は，積極的な仮装隠蔽行為があったと認定しました。</u>

4．そして，原処分庁は，次のとおり，<u>仮装隠蔽行為そのものがなくても，いわゆる「…特段の行動」と評価できるものがあると認定しました。（上記3の主張に対して，この部分は予備的な主張という位置づけになります。）</u>
　また，仮に，「隠ぺい，仮装と評価すべき行為」が存在すると認められなかったとしても，請求人が，…本件調査担当職員に対し，被相続人から相続により取得した財産は，基礎控除額を下回っている旨の虚偽の申述を行ったこと，…回答書に一部の財産のみを記載した動機について，税務署に知られたくなかったことである旨申述したこと，…ことの各事実から，請求人には，本件お尋ね回答書提出時において，遺産を申告しない……意図が存在したと認められ，……遺産を過少に記載した本件お尋ね回答書を提出したことは，「遺産を申告しない，又は少なくとも本件重加算税対象財産を申告しないとの意図を外部からもうかがい得る特段の行動」と認められる。

　原処分庁のロジックを単純化すると次のようなイメージです。
　① 主位的主張
　　　相続財産を過少に記載してお尋ね回答書を提出した事実　⇒仮装隠蔽行為
　② 予備的主張

2 調査担当者の主張する事実に事実誤認等がないか

- ・基礎控除額を下回っているとの虚偽答弁
- ・回答書に一部財産のみを記載した動機は税務署に知られたくなかったからとの申述
- ・︙
- ・︙

⇒「遺産を申告しない，又は少なくとも本件重加算税対象財産を申告しないとの意図を外部からもうかがい得る特段の行動」⇒重加算税の賦課要件を満たす

(c) 〔審判所の判断〕

　審判所は，法解釈（大前提）としては，重加算税賦課のためには，無申告行為とは別に，隠蔽仮装と評価すべき行為が存在する必要があるが，その行為が存在していなくても，重加算税の賦課要件を満たす場合があるなどと述べました。いわゆる「特段の行動」に関する解釈ですが，この部分は，基本的には上記①事例と同様です。

1．審判所は，原処分の前提事実（仮装隠蔽行為が存在するということ。）については，以下のように否定しています。

　…自己名義の預金に預け替えたというだけでは，隠蔽仮装と評価することはできない。…お尋ね回答書の性質からすれば，請求人において，期限内申告書を提出しない場合に，申告を要しないものと考える旨記載された本件お尋ね回答書を提出したことは，いわば，相続税の申告をすべきことを知りながら，これをしなかったこと（認識ある無申告）と同等の行為と評価することができるのであって，無申告行為そのものとは別に，「隠ぺい，仮装と評価すべき行為」をしたものと認めることはできず，原処分庁の主張は採用することができない。

2．次に，審判所は，仮装隠蔽行為そのものがなくても，いわゆる「特段の行動」に関して重加算税の賦課要件を満たす場合に当たるかどうかについて判断しています。この部分は，原処分庁主張b)4の排斥という位置づけです。

- ・（請求人が，相続手続きのために被相続人名義の預金等を請求人名義に変更したことについては），それ自体として，請求人の，本件被相続人名義

財産を申告しない意図を外部からもうかがい得る行動であるとは評価し得ない。
- （遺産を過少に記載したお尋ね回答書を提出したことについては），請求人が，無申告行為とは別に，「本件被相続人名義財産について申告をしない意図を外部からもうかがい得る特段の行動」をしたなどと評価することはできない。
- （回答書面に記載された各不動産については，相続財産としての評価額の記載はないが，請求人は，所在地，地目，地積及び固定資産税評価額の記載された書類を回答書に添付しており），原処分庁として，本件お尋ね回答書及びその添付書類を見れば，請求人が，申告義務を有することを十分に予想することができたものということができるのである。このような本件お尋ね回答書及びその添付書類の記載内容からしても，これを提出したことをもって，「本件被相続人名義財産について申告をしない意図を外部からもうかがい得る特段の行動」と評価した上で，重加算税の賦課要件を満たすものとすることは相当でない。

また，審判所が上記判断に至った背景には，請求人の審判官に対する答述（証言）も重要な役割を果たしています。請求人は，審判官に対して，相続税の申告期限や基礎控除額については相談担当職員から初めて教えてもらったこと，回答書を提出しようと思ったのは，申告をしなければならないと思ったからであるなどと述べたとされています。つまり，原処分の前提としては請求人の虚偽答弁などの事実がありましたが，審判所ではそういった事実そのものが認定されなかったということです。

人の証言がどこまで採用されるかについては，ケースバイケースの判断になりますが，原処分庁が納税者の申述（証言）を主な証拠として処分をした

Column

ここでご紹介した事例のように，単純な無申告は，重加算税の賦課要件を満たすことは難しい（仮装隠蔽の認定のハードルは高い）といえます。

しかし，いわゆる単純無申告犯（所法238③，法法159③，相法68③他）については，申告書を提出期限までに提出しないことが要件です。つまり，重加算税とは別次元の罰則規定が適用される可能性はあります。

(特に税理士が関与していない) ケースでは，争訟において原処分が取り消されるケースが比較的多いように思われます。本件でも，請求人の申述を中心に事実関係を認定してしまったところに原処分の甘さがあった (原処分庁の都合の良いように解釈等をしているもの) といえます。

3 税務調査対応
～不服申立て対応を踏まえて～

　ここまでは不服申立ての際の対応を中心にしてきましたが，ここでは税務調査対応でも応用できることを少し説明します。簡単にいえば，（処分そのものの瑕疵といえる理由附記不備の主張等は関係ありませんが，）税務調査の段階で，不服申立てで取消しが認められそうな主張をきっちりしておけば，当局として処分を躊躇し，処分に至らない可能性が高まるということです。

　もちろん，税務調査の段階でも，調査担当者と主張等を戦わせているのが普通であり，その意味では上記の話は特に目新しいものではありません。しかしながら，税務署の処分に至る手続き等を踏まえつつ，主張あるいは納税者の事実認識を整理した書面を提出するという対応が，より処分に至らない可能性が高める有効な手段になるのではないかと考えています。

　ただ，その前提としては，①仮に不服申立てに至っても，矛盾なく一貫して筋が通せる主張であること（場当たり的な主張を書面で提出してしまうと，逆効果になりかねません），②その主張が理解されるようにきっちり書面で整理できていること，が必須となります。

① 法令の解釈・適用が問題となる事案での検討の視点

　法令の解釈・適用の問題については，このような書面提出という税務調査対応を検討する視点を，キーワード的にいえば，①統括官，②争点整理表，③重審と呼ばれる重要事案審議会，④局の審理課・審理官の4つで考えています。

　①の統括官については，ご承知のとおり，多くの処分は統括官の決裁で行われているのが実情で，税務調査の現場に統括官が赴くことはそう多くありません。統括官の決裁までに，調査担当者は，納税者の主張を漏れなく統括官に伝えているはずですが，無意識のうちに，課税庁にとって不利な主張を端折ってしまうことがあります。不服申立てで取消しが認められそうな主張でも，きっちり統括官に伝わってなれば意味がありません。

　②の争点整理表については，でも少し触れましたが，一定の重要な事案

について作成されることとなっています。作成基準としては，例えば，重加算税賦課決定事案，一定額以上の増差税額が認められる事案などの形式基準のほか，課税要件事実の立証が容易でないと求められる事案や法令の解釈・適用が複雑・困難である事案などの実質基準が設けられています。この争点整理表が作成される事案は，争点整理表につき統括官の確認等や，審理担当者の調査審理，筆頭統括官の確認，署長・副署長による決裁という流れになります。どこまで真剣に見てくれるかという問題はありますが，複数の目が入って（特に審理担当者の目が入る）処分が検討されることになり，処分に至らない可能性が高まる場合があります。

事実レベルや法令の適用のレベルで複雑等な事案であることを，書面提出によってアピールして，争点整理表を作成すべき事案とすることが，処分を回避する一手段となり得るというわけです。そのためにも，納税者の主張が，調査担当者以外の関係者にも伝聞ではなく，直接理解される必要があり，書面を提出することが重要な意味を持ってきます。

③の重審については，今となっては上記②の争点整理表の作成基準と重なってしまうのですが，重要な事案については，統括官，審理担当者，副署長，署長による重審が行われることになっています。事案の内容や署長らの幹部のキャラクター等にもよりますが，この重審が開かれる事案も複数の目が入ることにはなりますので，書面の提出は②と同じ効果が一応期待できます。

また，④の視点も重要になります。通常の事案は，②，③のような，税務署内での検討機会が設けられることはあるとはいえ，税務署内で完結することがほとんどです。しかし，法令の解釈・適用が問題となり，他のありふれた同種事案と統一した取り扱いが求められる事案では，審理担当者を通じてという形が通常だと思われますが，局の審理課（審理官）に，照会あるいは相談がなされる場合があります。この場合も，②，③と同様，複数の目が入ることになりますので，そういう事案であることを意識してもらうと同時に，納税者の主張を正確に伝えるために書面で提出した方がよいということになります。

❷ どのような事案の場合に書面提出を検討すべきか

以上をまとめると，税務調査の段階でも書面提出を検討した方がよいのはどういう事案かといえば，法令の解釈・適用について調査担当者と見解が分かれている事案ですから，このうち特に，取り扱いが通達に直接定められていない

ケースや，税法の適用の前提として，税法以外の民法や商法の解釈が問題となっているケースが，その典型例といえるでしょう。後者のケースでは，調査担当者が民法や商法の解釈に明るくないことが多いからです。他に，通達は存在するものの，その通達が想定するケースと実態が大きくかけ離れており，通達を形式的に当てはめると不合理な結果になってしまうケースでは，税務調査段階から書面提出を積極的に検討すべきではないかと考えています。

　ここまで解説してきたポイントをはじめ，法令・通達はもちろん，過去の裁判例や裁決例の調査を経て，どういう主張が処分の取消理由となり得る有効な主張となるのか，ということを検討し，提出書面での主張内容を練っていくことになります。

３　事実認定が問題になる事案では

　次に，書面提出を検討すべき事案としては，事実認定が誤りかねない（偏りかねない）事案です。税務調査に入る段階で，調査担当者は，基本，調査対象者は税金をごまかしている，との予断をもって調査を行う傾向にあり，納税者に有利な事情を，意図的ではないにせよ，客観的に見てくれない，あるいは，評価してくれないということが往々にして起こります。特に，税務調査の初期対応を誤ってしまうと，「この調査対象者は悪い人」というレッテルが貼られ，その後の説明がいかに合理的であっても聞く耳を持ってもらえない状況に陥ってしまいます。

　一番，典型的に現れる場面は，質問応答記録書あるいは質問顚末書の作成の場面です。納税者にとって不利な事実が強調された表現となっていたり（例えば，納税者が明確な記憶がないにもかかわらず，その不利な事実を明確に記憶している表現にされてしまう），逆に，納税者にとって有利な事実が記録に残されなかったりすることが起こります。一次的には，その質問応答記録書の作成段階，つまり，内容の確認を求められたときに，納税者自身が訂正や追加を求め，訂正等がなされない限り，署名をしないとの対応がベストなのですが，なかなかそこまでの対応が難しいこともありますし，こういう署名拒否を調査非協力という評価されてしまうこともあります。そういう場面を乗り切る一つの方法として，納税者の認識を陳述書という陳述者の事実認識をまとめた書面を提出する方法があります。（弁護士の場合は，民事裁判で陳述書を作成し提出することが普通に行われていますので，陳述書の作成に特別抵抗はありませ

んが，税理士の先生方のなかには，陳述書の作成に抵抗がある方もいらっしゃるかと思います。抵抗がある場合でも。質問応答記録書のどこが納税者の認識と違っていたのか，そういう違いがあるが故に署名押印をしなかったことだけでも書面にして提出しておく方が調査非協力とされる可能性が下がるのでベターでしょう。）

　陳述書のまとめ方としては，時系列に沿って事実関係（陳述者の事実認識）を整理する，ということがオーソドックスなスタイルになりますが。その前提として，事実認識としてどこが曖昧で，どこが明確な記憶に基づいているかをはっきりしておくことも大切です。それは，曖昧であるのに明確な記憶があるように書いてしまうと，納税者の認識が後で揺らいだように見えることで，陳述の信用性が下がってしまい，書面が逆効果になりかねないからです。終始一貫した内容でないと意味がありませんので，そのためには，事実関係の精査，つまり，供述以外の客観的証拠をしっかり見て動かない事実を捉える，納税者等の関係者から十分に事実の聞き取りを行い，客観的証拠と矛盾がないか等のテストをしておくことも，陳述書の作成段階で行っておくべきでしょう。

　ちなみに，陳述書の大まかな構成は，もちろん事案によって変えることもありますが，次のような形が一般的かと思います。

《陳述書の大まかな構成例》

```
                          陳述書
                                              日付
    宛先
    （税務調査の場合は，調査担当者か税務署長宛が普通ではないかと思います）

                                        陳述者の署名・押印

    はじめに
      …どういう立場でどういう事実を認識して，立証しようとしているのか，簡単にまとめる。

    陳述者の経歴
      …問題となっている行為当時の立場を中心に。
      …何を見聞きできて，何を見聞きできない立場にあったか

      あとは時系列に沿って，立証すべき事実とその事実に関連する事実を整理していく。
                                              以上
```

第4部　実務応用編

 審理のための調査

> 裁判と異なり，行政庁における不服申立てに係る事件審理では，審理の際の質問検査権が認められています。
> 国税の再調査の請求では再調査審理庁（税務署等）の担当職員，国税不服審判所では担当審判官が質問検査権を行使します。
> また，地方公共団体の審査請求についても，審理員及び審査会（「××市行政不服審査会」等）には，それぞれ調査等に関する権限が与えられています。

1　国税に係る「再調査の請求」における調査

　再調査の請求の事件審理に係る調査は，国税通則法，国税徴収法及び租税特別措置法等の国税に関する法律の規定による当該職員の質問検査権等に基づき行われます（不審通（国税庁関係）84－3）。つまり，通常の課税処分の前提となる調査と同じ根拠規定となっています。
　したがって，国税通則法74条の2から74条の6までに規定されている質問検査権の行使が実地調査として行われるときは，国税通則法74条の9に規定する事前通知が行われます。課税のための調査と同様，机上調査の場合は，事前通知はありません。（この点，審判官が行う調査では，実地調査であっても事前通知は行われません。）
　再調査の請求の調査は，再調査の請求人の請求に拘束されるものではありませんから，その再調査の請求の対象となった処分の全部について，再調査の請求人の主張しない事項をも含めて行うこととされています（不審通（国税庁関係）84－1）。その一方で，次のとおり，新たな課税のための調査ではなく請求人の権利利益の救済という側面にも一定の配慮が見られます。
　なお，調査拒否については，課税のための税務調査と同じ罰則規定（国通128）が適用されることになりますが，「再調査の請求」は，事後救済手段であって，新たな課税のための調査ではないという前提からすれば調査の対象範囲は課税のための調査よりは狭いと解されます。そして，調査範囲について，通

再調査の請求に係る調査及び決定の範囲（不基通84−2）

再調査の請求の対象とされた処分		対象範囲
(1)	決定処分	その決定に係る額の範囲
(2)	増額（還付金に相当する税額又は純損失等の金額にあっては減額）更正処分，（更正の請求にあっては当該請求の全部又は一部を認容しない処分。）又は再更正（更正の請求にあっては当該請求の全部又は一部を認容しない処分を行った後の増額の更正。）処分	その更正又は再更正後の額と申告額（更正の請求にあってはその請求の額）との差額の範囲
	ただし，その処分が増額再更正である場合で，当初更正又は決定について既に不服申立ての決定又は裁決がされているとき（却下の決定又は裁決がされているときを除く。）	その再更正後の額と不服申立ての決定又は裁決後の額との差額の範囲
(3)	賦課決定処分（加算税及び過怠税の賦課決定を除く。）	その賦課決定に係る額（増額の賦課決定にあってはその増額の賦課決定後の額）の範囲
	ただし，その処分が増額の賦課決定である場合で当初賦課決定について既に不服申立ての決定又は裁決がされているとき（却下の決定又は裁決がされているときを除く。）	その増額の賦課決定後の額と不服申立ての決定又は裁決後の額との差額の範囲

達は，上記のように定めています。

　つまり，実地調査を行う旨の連絡があった場合には，その調査自体や調査対象範囲が妥当なのかという観点で検討し対応することも重要です。

2　国税に係る「審査請求」（国税不服審判所）における調査

　通常の課税処分を前提とする調査関係の規定は，国税通則法7章の2におかれていますが，国税審判官の調査権限は，それとは別に，同法8章（不服審査及び訴訟）＞第1節（不服審査）＞第3款（審査請求）に第97条（審理のための質問，検査等）として規定がおかれています。

　具体的には，審判官は，次のような行為をすることができます。

1号	審査請求人若しくは原処分庁又は関係人その他の参考人に質問すること。
2号	前号に規定する者の帳簿書類その他の物件につき，その所有者，所持者若しくは保管者に対し，相当の期間を定めて，当該物件の提出を求め，又はこれらの者が提出した物件を留め置くこと。

3号	第1号に規定する者の帳簿書類その他の物件を検査すること。
4号	鑑定人に鑑定させること。

　1号はいわゆる質問検査権ですが、その対象者が当事者や関係人のみならず「その他の参考人」とされていることが特徴的です。通常の税務調査における調査対象範囲は、一定の関係がある者が前提となっていますが、審判官の場合は、審判官が「その他の参考人」と認めた場合にはその者に対しても質問検査

> **Column** 「質問、検査等を求める旨の申立書」
>
> 　国税通則法97条は、担当審判官は、審理を行うために必要があるときは、審理関係人の申立てにより、又は職権で、①審査請求人若しくは原処分庁又は関係人その他の参考人に対する質問、②帳簿書類等の所有者等に対し、相当の期間を定めてする提出又は提出物件の留置き、③帳簿書類等の検査及び④鑑定を行うことができる旨定めています。
>
> 　つまり、審判官の職権による調査だけでなく、請求人側からも審判官の質問検査権の行使を求めることができるということです。手続としては、審判所のホームページにも掲載されている「質問、検査等を求める旨の申立書（17条様式）」を担当審判官に提出します。
>
> 　ただし、この申立てをした場合でも、担当審判官が審理に必要がないと認めるときはその申立てを採用することはありません。この場合、担当審判官は、その申立てに対する判断を示すものとするとされていますので（不審通97－2）、申立て内容に対する審判官の方針を示してもらうことはできます（様式は第5部に掲載）。
>
> ＜「質問、検査等を求める旨の申立て（国通97①））」イメージ＞
>
>

をすることができるのです。

審判官の質問検査等について拒否や妨害等をした場合は，30万円以下の罰金に処する旨が定められています。もっとも，審査請求人や原処分庁（審査請求人等）については，この限りではありません（国通128）。

審査請求人等が正当な理由なく審判官の質問に応じない場合，そのためにその主張の全部又は一部について主張の基礎を明らかにすることができないときは，その部分に係る審査請求人等の主張を採用しないことができるものとされています（国通97④）。つまり，審査請求人等の調査非協力については，罰則がない代わりに，主張が不採用となる不利益があるという趣旨です。

❸ 市税等の地方公共団体に対する審査請求における調査

審査請求において事件を審理する審理員の調査権限については，行政不服審査法33条（物件の提出要求），同法34条（参考人の陳述及び鑑定の要求），同法35条（検証）および同法36条（審理関係人への質問）に規定されており，おおむね，上記 ❷ の審判官の調査権限と同様のたてつけになっており，請求人や参加人は，審理員に対して物件の提出等を申し立てることができるとされています。

一方，第三者機関（「××市行政不服審査会」等）については，調査権限はあるものの，対審構造ではありませんので，請求人側から調査を申し立てるといった趣旨の規定はありません（行審法81③による74の準用）。

5 税務訴訟①

　ここでは，「税務訴訟」を取り上げます。「税務訴訟」といえば，通常，更正処分取消訴訟などといった課税処分の取消しを求める訴訟をイメージするものですが，実は，それだけではありません。
　「税務訴訟」を，税金の法律関係を巡る訴訟と捉えて，その類型をみてみましょう。

1　訴訟の種類

　まず，訴訟の種類を概観しましょう。大きくわけると，訴訟は，民事訴訟と刑事訴訟の2つですが，租税に関する訴訟は，いわゆる脱税事件を除けば，全て民事訴訟に含まれます。
　そして，「民事訴訟」は，どの法律のどこに定められた手続きによるかという観点で，(イ)通常訴訟，(ロ)手形小切手訴訟，(ハ)少額訴訟，(ニ)その他の4つに分類することができます。そして，租税に関する訴訟の典型例である（処分）取消訴訟（行訴法③二）は，行政事件訴訟法に定められた手続きによることになるため，「(ニ)その他」の類型に分類されます。

<民事訴訟の種類>（参考：裁判所ホームページ）

(イ)	通常訴訟	個人の間の法的な紛争，主として財産権に関する紛争の解決を求める訴訟です。例えば，貸金の返還，不動産の明渡し，人身損害に対する損害賠償を求める訴えは，この類型に入ります。この類型の訴訟は「通常訴訟」と呼ばれ，民事訴訟法に従って審理が行われます。
(ロ)	手形小切手訴訟	民事訴訟法の特別の規定によって審理される手形・小切手金の支払を求める訴訟です。この類型の訴訟は，「手形小切手訴訟」と呼ばれます。この訴訟では，判決を早期に言い渡すことができるようにするため，証拠は書証と当事者尋問に限られます。もっとも，第一審の通常訴訟の手続による再審理を要求する機会は保障されています。手形・小切手金の支払を求める原告は，この類型の訴訟を提起するか，通常訴訟を提起するかを選択することができます。
(ハ)	少額訴訟	簡易迅速な手続により60万円以下の金銭の支払を求める訴訟です。この類型の訴訟は，「少額訴訟」と呼ばれます。

| (ニ) | その他 | その他の類型としては、離婚や認知の訴えなどの家族関係についての紛争に関する訴訟である「人事訴訟」と、公権力の行使に当たる行政庁の行為の取消しを求める訴訟などの「行政訴訟」があります。 |

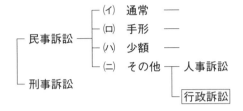

上記の裁判所の分類を図にするとこうなります。

2 税務訴訟の類型

　訴訟の種類については、上述したとおりですが、「税務訴訟」とされるものの類型については、一般的には、①取消訴訟、②無効等確認訴訟、③不作為違法確認訴訟、④過誤納付金還付請求訴訟、⑤租税債務不存在確認訴訟・租税債権確認訴訟、⑥国家賠償請求訴訟、⑦争点訴訟、⑧徴収訴訟の8類型とされています。

　それぞれの内容は、次のとおりです。

①取消訴訟…税務訴訟のほとんどは、この取消訴訟です。具体的には、課税処分や滞納処分といった処分（行政庁の処分その他公権力の行使に当たる行為）の取消しを求める訴訟（行訴法3②）、あるいは、審査請求の結論である裁決等の取消しを求める訴訟（行訴法3③）がこれに当たります。なお、国税に関する法律に基づく処分については、不服申立前置主義がとられているので、原則として審査請求に対する裁決を経た後でなければ処分取消訴訟を提起することができません（行訴法8①，国通115）

②無効等確認訴訟…行政庁の処分や裁決の存否又はその効力の有無の確認を求める訴訟です（行訴法3④）。

③不作為違法確認訴訟…行政庁が法令に基づく申請に対し、相当の期間内に何らかの処分又は裁決をすべきであるにもかかわらず、これをしないことについての違法の確認を求める訴訟です（行訴法3⑤）。

④過誤納付金還付請求訴訟…誤って納付した金員の返還を求める訴訟です。「当事者訴訟（※Word参照）」の一類型です。

> **Word**
> 　当事者訴訟とは，当事者間の法律関係を確認し又は形成する処分又は裁決に関する訴訟で法令の規定によりその法律関係の当事者の一方を被告とするもの及び公法上の法律関係に関する確認の訴えその他の公法上の法律関係に関する訴訟をいいます（行訴法④）。

⑤租税債務不存在確認訴訟・租税債権確認訴訟…前者の租税債務不存在確認訴訟は，課税処分の無効又は申告の無効を理由に租税債務不存在の確認を求める訴訟です。たとえば，納税者が間違って確定申告をしてしまったが，その申告に係る納税義務がないことの確認を求めるなどといった場合です。
　　後者の租税債権確認訴訟は，租税債権の存在確認を求める訴訟で，行政庁側が租税債務の消滅時効を中断するために提起するような訴訟がこれに当たります。
⑥国家賠償請求訴訟…違法な税務調査等によって損害を被ったなどとして，その損害の賠償を求める訴訟がこれに当たります。
⑦争点訴訟…課税処分又は徴収処分が無効であることを理由として私法上の請求をする訴訟（行訴法45）です。これは行政訴訟の枠内ではなく，通常の民事訴訟として争われるものです。
⑧徴収訴訟…租税等の徴収に関して提起される訴訟で，たとえば，滞納者が第三者に対して有する貸金債権を国が差し押さえるなどした場合，その取立てをするために提起される訴訟などがこれに当たります。

3　事　例

取消訴訟以外の裁判例をいくつかご紹介します。
【国家賠償請求訴訟】
平成29年9月27日前橋地方裁判所判決／平成24年（ワ）第411号（一部認容）
　本件は，原告所有のショッピングモール用建物等（本件各建物）の価格が過大に決定されていたために過大な固定資産税を納付して損害を被ったとして，原告が，県知事に対して国家賠償法1条1項（＊）に基づき1億円余りの賠償（弁護士費用含む）を求めた事案です。
　原告の主張理由は，本件各建物の固定資産税等の賦課決定の前提となる不動

産取得税算定の際の本件各建物の価格決定に関するものです。つまり，この価格決定について，県の担当職員は，適切に現況等を調査して適正に固定資産評価基準を適用した上で不動産の評価をすべき職務上の注意義務を怠った過失があり，本件各建物の価格を過大に決定して市長に通知したため，原告はその価格に基づいて過大な固定資産税等を納付した旨を主張しました。

裁判所は，原告の主張を一部認容しました。具体的には，原告が平成6年から平成22年にかけて現実に納付した固定資産税等と本来納付すべきであった固定資産税等との差額（過納付額）は，1075万5349円（損害額）であり，また，本件と相当因果関係のある弁護士費用は107万円と認めるのが相当であると判断しました。

（＊）国家賠償法1条1項
　国又は公共団体の公権力の行使に当る公務員が，その職務を行うについて，故意又は過失によつて違法に他人に損害を加えたときは，国又は公共団体が，これを賠償する責に任ずる。

国家賠償請求においては，結果が誤っていることに加えて，職務上の注意義務を怠ったことも立証する必要があります。通常は，この立証が請求の最大のハードルになりますが，最大で20年間遡って請求することが可能です。

【租税債務不存在確認訴訟】
平成7年11月30日　東京高等裁判所判決／平成6年（行コ）第227号（棄却）

本件は，納税者（X）名義で提出された修正申告書について，その修正申告に係る事業所得の実質的帰属者がXの夫であるにもかかわらず，訴外甲がXの知らないうちに提出したものであるから，本件修正申告に係る租税債務は存在しないとXが主張した事例です。

裁判所は，Xは甲に対して納税申告等の代理権を授与したことが認められるから本件修正申告は適法であり，租税債務は存在すると判断しました。

【不作為違法確認訴訟】
昭和63年6月16日　山口地方裁判所判決／昭和63年（行ウ）第1号（却

下）

　本件は，原告（納税者）が所得税の還付請求(注1)をしたところ，被告（税務署長）は，還付請求をしてから相当の期間を経過した現在（口頭弁論終結時の昭和63年4月28日）に至るまで何らの処分もしない（還付されない）として，原告がその不作為の違法確認を求めた事例です。

　被告は，本案前の主張(注2)として，納税者が確定申告書を提出する行為は，税務署長の処分等には当たらないから，本件訴訟は，不作為の違法確認を求める訴訟の要件を欠き，不適法な訴えである旨主張しました。

　これについて裁判所は，還付請求は，納税申告により発生した還付金請求権の履行を促す意味をもつにすぎず，税務署長の行為について処分性を認めることはできない等として，本件訴訟は，訴訟要件を欠く不適法なものと判断しました。

（注1）　判決文中において申告年月日は不明ですが，納税者は，通常の確定申告における還付請求をしたようです。
（注2）　「本案前の主張」とは，実体的な主張（請求権の存否）に対する主張ではなく，そもそも，訴訟として判断を受けられる要件を欠いているなどといった主張のことをいいます。

〔解説〕

　行政事件訴訟法3条5項は，「この法律において「不作為の違法確認の訴え」とは，行政庁が法令に基づく申請に対し，相当の期間内に何らかの処分又は裁決をすべきであるにかかわらず，これをしないことについての違法の確認を求める訴訟をいう。」と規定しています。つまり，不作為違法確認訴訟は，この条文の「法令に基づく申請」が行われたことに対する不作為が前提です。

　原告は，税務署長は還付金等があるときは，遅滞なく還付しなければならない旨定められていること（国税通則法56①）を根拠に，不作為の違法確認を求めました。しかし，還付金請求権は，申告によって当然に発生するものであって，税務署長等の処分行為はありません。そのようなことから，本件訴訟は，不作為の違法確認の訴えとしては成立しないと判断されたのです。

　なお，「法令に基づく申請」に当たるものとしては，「更正の請求」があります。

> **実務のポイント**
> 1．「税務訴訟」には8類型あるが，取消訴訟がその大部分を占める。
> 2．類型によって要件が異なるので，ケースに最適な類型を選択する必要がある。
>   例えば，処分の取消は不服申立期間経過で既に争えない場合であっても，時効が成立していなければ，国家賠償請求訴訟を起こすことは可能（ただし，通常，要件が厳しくなってしまう）。
> 3．還付申告後相当期間が経過しても還付金が支払われない場合でも，不作為違法確認訴訟の方法については，処分が当然に予定されているものではなく，それゆえ還付申告は法令に基づく申請ではないとの理由で，（訴訟要件を欠き）却下した裁判例がある（他の類型を検討する必要がある）。

5-2 税務訴訟②

　行政上の不服申立て（再調査の請求や審査請求）については，本人請求も容易で，代理人を立てる場合も特別な資格は必要ありません。また，行政機関に支払う手数料はありません。
　しかし，裁判となると費用や手続面のハードルが急に上がります。裁決の結論に不服がある場合は，訴訟に行かざるを得ませんが，現実的にどのようなコストと手間がかかるのかを確認した上で，冷静な対応をすることが重要です。
　今回は，裁決から訴訟までの流れ，裁判の申立手数料や弁護士費用の概要，裁判管轄，裁判の基本的な知識について，簡単に触れていきます。

1　裁決から訴訟までの流れ

　国税不服審判所における審査請求の結論（裁決）は，裁決書の謄本が送達されることにより効力が生じます。訴訟をする場合には，その謄本の交付を受けた日が「裁決があったことを知った日」になりますから，それから6カ月以内に訴えを提起しなければなりません（行訴法14①）。

> **Column** 「税理士の補佐人制度」
> 「補佐人」とは，民事訴訟では，当事者又は訴訟代理人に付き添って期日に出頭し，その陳述を補助する者で資格に制限はありませんが，裁判所の許可が必要です（民訴60）。また，刑事訴訟においては，被告人を補助する者で，被告人の法定代理人，保佐人，配偶者，直系親族，兄弟姉妹は，いつでも届け出て補佐人になることができます。
> 　税務訴訟においては，補佐人制度の特例として，税理士が，租税に関する事項について，裁判所において，補佐人として，弁護士である訴訟代理人とともに出頭し，陳述をすることができます（税理士法2の2①）。

　また，審査請求をした日の翌日から起算して3か月を経過しても裁決がないときは，裁判所に訴えることができますが（国通115①一），却下事案を除き，通常は3か月以内に裁決がありませんので（国税不服審判所では1年以内の処理件数割合の目標値を95％としています），そのような場合は，審査請求中に訴訟を提起することは可能です。もっとも，3か月経過を理由に訴訟を提起した場合であっても，審査請求については，取下げ（取下書の様式は第5部）をしない限り係属していくことになります。

❷ 訴訟に関わる費用

ア　申立手数料

　再調査の請求や審査請求では，行政機関に支払う手数料はありません。しかし，裁判になると，裁判所に一定の申立手数料を支払う必要があります。

　具体的な申立手数料の額は，民事訴訟費用等に関する法律に定められており，原則として訴状に収入印紙を貼付する方法で納付します（手数料の額が100万円を超える場合には，現金納付も認められています。）。

　なお，訴訟提起の際には，申立手数料の他に，一定額の郵券（郵便切手）も予納しなければなりません。

イ　弁護士費用等

　また，不服申立て手続は，納税者本人が行うこともありますが，裁判手続は専門的なため，弁護士に訴訟代理人を依頼することが一般的です。弁護士報酬については，現在は弁護士会としての報酬基準は定められていませんが，多くの弁護士事務所では，その報酬基準を参考にして次表のような個々の事務所の

<手数料額早見表(一部)>裁判所ホームページ

手数料額早見表(単位:円)

訴額等＼手数料	訴えの提起	控訴の提起	上告の提起
10万まで	1,000	1,500	2,000
20万	2,000	3,000	4,000
30万	3,000	4,500	6,000
40万	4,000	6,000	8,000
50万	5,000	7,500	10,000
60万	6,000	9,000	12,000
70万	7,000	10,500	14,000
80万	8,000	12,000	16,000
90万	9,000	13,500	18,000
100万	10,000	15,000	20,000
9,500万	305,000	457,500	610,000
9,600万	308,000	462,000	616,000
9,700万	311,000	466,500	622,000
9,800万	314,000	471,000	628,000
9,900万	317,000	475,500	634,000
1億0,000万	320,000	480,000	640,000

裁判所 HP より
http://www.courts.go.jp/vcms_lf/315004.pdf

(※)「訴額等」とは，訴訟の目的の価額であり，訴えで主張する利益によって算定されます(民訴法8・9参照)。

　例えば，課税処分の取消しを求める裁判を提起する場合において，納税者(原告)の訴えが全て認められた場合に本税につき1億円の還付があるとします。そのような場合は，その1億円が訴訟の目的の価額となりますので，地裁では320,000円，高裁(控訴審)では480,000円，最高裁(上告審)では640,000円のそれぞれ申立手数料を支払うことになります。

報酬規程を定めており，これに基づいて弁護士費用を算出しています。

経済的利益の額	着手金	報酬金
300万円以下の部分	8％	16％
300万円を超え3000万円以下の部分	5％	10％
3000万円を超え3億円以下の部分	3％	6％
3億円を超える部分	2％	4％

　例えば，経済的利益が1億円の場合は，上記基準によれば着手金は369万円(税別)【計算式：300万円×8％＋(3000万円－300万円)×5％＋(1億円－3000万円)×3％】，全部勝訴の場合の成功報酬はその倍の738万円となり

> **Column**　裁判の管轄
> 　国税の課税処分の取消しの訴えの場合，被告は国となり（行訴法11①一），裁判の管轄が認められる裁判所は，被告国の普通裁判籍の所在地を管轄する裁判所（行訴法12①。通常は東京地裁），当該処分に関し事案の処理に当たつた下級行政機関の所在地の裁判所（同③），原告の普通裁判籍の所在地を管轄する高等裁判所の所在地を管轄する地方裁判所（同④）になりますので，そのいずれかを選択することになります。
> 　どこに取消訴訟を提起するかは，①行政事件の専門部が置かれているかどうか（もちろん裁判官次第ですが，専門性は高い分やや保守的な判断になりやすいという傾向があります），②期日出頭や打合せの手数やそれに伴って要する弁護士費用や交通費などのコストも勘案して選択することになります。

ます。
　なお，上記の着手金・報酬金という定め方以外にも，時間制（タイムチャージ制）が採用されて時間単価×事務処理に要した時間で弁護士報酬を取り決める場合もあります。また，遠方の裁判所で訴訟を追行する場合には，日当を取り決める場合もあります。

❸　裁判に関する諸知識

　取消訴訟（税務訴訟）の裁判手続は，民事訴訟と同じで，次のような流れとなっています。訴えを提起する側（納税者等）を「原告」，訴えられる側（国）を「被告」といいます。
　裁判は，原告が裁判所に訴状を提出することで始まります。訴状に不備がなければ，裁判所は，口頭弁論の期日を指定して，被告あてに訴状を送達します。
　なお，一般的な民事訴訟と異なり，税務訴訟の場合には「和解」の余地はないとされています。
　最後に裁判に関する用語を確認しましょう。
① 　訴状（そじょう）
　訴状とは，訴えの提起をする際に第一審裁判所に提出する書面で，当事者及び法定代理人，請求の趣旨及び原因を記載し（民訴133）訴額に応じた収入印紙を貼ります。

5－2　税務訴訟②

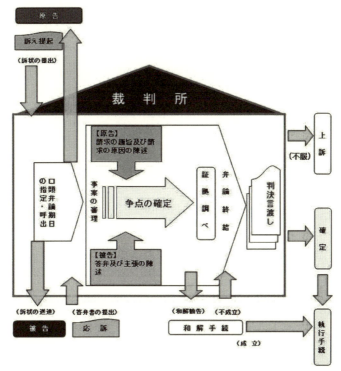

<法務省HP「裁判手続の流れ」より>

　請求の趣旨は，金銭請求の場合「被告は，原告に対し，●●円を支払え」と，税に関する訴訟の場合は「××税務署長が原告に対して〇年〇月〇日付でした×年分の所得税の更正処分及び過少申告加算税賦課決定処分の全部を取り消す。」などとなります。
② 答弁書
　答弁書は，訴状に記載した請求の趣旨に対する答弁や訴状記載の事実に対する認否を記載した書面です。準備書面としての性質があります。
③ 口頭弁論
　口頭弁論の期日には，当事者（原告，被告本人又はその弁護士）が裁判所に出頭して，争いのある事柄について，双方が事前に裁判所に提出した準備書面をもとに主張を述べたりします。
④ 国税訟務官（こくぜいしょうむかん）

国税訟務官は，国が当事者となる税務訴訟で国の代理人として訴訟活動する国税局の担当者で，訟務官室という部署に所属しています。

⑤ 訟務検事

訟務検事は，国を当事者とする行政訴訟等を担当する検事で，国の代理人として訴訟活動を行います。法務局等の訟務部門に所属しています。検察官のほかに，裁判所から出向した裁判官や特定任期付職員として任用された弁護士もいます。

⑥ 補佐人税理士

補佐人税理士は，弁護士である訴訟代理人とともに裁判所に出頭し，租税に関する事項について陳述する役割を担います。訴訟代理人が出廷しない場合には，税理士は裁判所の許可を得ないで出頭して陳述することは認められていません。

⑦ 裁判所調査官

裁判所調査官は，裁判所の職員で，裁判官の命を受けて，事件の審理及び裁判に関して必要な調査を行います（裁判所法57）。最高裁判所，高等裁判所及び地方裁判所に置かれています。

地方裁判所では，専門性の高い事件（例えば租税など）にのみ調査官が置かれており，国税庁の職員が裁判所に調査官として出向しています。

⑧ 裁判所書記官

裁判所書記官は，法律の専門家として固有の権限を与えられており（裁判所法60），法定立会，調書作成，訴訟上の事項に関する証明，執行文の付与などを行います。

実務のポイント

1. 裁決の結論に不服があるときは，裁決書の謄本の交付を受けた日から6カ月以内に訴えを提起しなければならない。
2. 訴訟提起のコストとしては，訴えで主張する利益の金額に応じて算定される申立手数料や弁護士費用等がある。
3. 裁判の管轄は複数あり，コスト等も勘案して，どこが一番有利に裁判を進められるかで選択することになる。

第5部

様式編
―国税不服審判所における各種様式―

第5部 様 式 編

・「書類の送達先を代理人とする申出書」

【解説】 答弁書や裁決書を代理人に送達してもらいたいときは，この申出書を提出する必要があります。「代理人の選任届」において，送達先を指定した書類がある場合は改めて提出する必要はありません。

http://www.kfs.go.jp/system/papers/02pdf/05.pdf

```
                                          平成   年   月   日

              書類の送達先を代理人とする申出書

 国税不服審判所長

                         審査請求人（参加人）
                          （住所・所在地） 〒   －

                          （ふりがな）（          ）
                          （氏名・名称）
                          （法人の場合、代表者の住所） 〒   －         ㊞

                          （法人の場合、代表者の氏名、ふりがな）
                          （          ）               ㊞


    下記1の審査請求に関する行為を行う権限を下記2の代理人に委任し，「代理人の選任届
  出書」を提出したので、当該審査請求に係る下記3の書類の送達先を代理人とすることを申
  し出ます。

                        記

   1 審査請求

       原 処 分    ＿＿＿＿＿＿＿＿＿＿＿＿＿＿＿＿

   2 代理人
       （住所・所在地）  〒   －
       （ふりがな）   （                    ）
       （氏名・名称）  ＿＿＿＿＿＿＿＿＿＿＿＿＿＿＿＿
       （ 職 業 ）   ＿＿＿＿＿＿＿＿＿＿＿＿＿＿＿＿
       （連絡先(電話番号)） ＿＿＿＿＿（    ）＿＿＿＿＿

   3 送達先を代理人とする書類（いずれかの番号に○を付してください。）
       (1) 答弁書副本、裁決書謄本その他審査請求に係る一切の書類
       (2) (1)の書類のうち、裁決書謄本以外の書類
       (3) その他（具体的に記載）


     ※ 国税通則法第109条に規定する参加人がこの申出を行う場合には、次の欄に審査請求人の
       氏名等を記載してください。
       （住所・所在地）  ＿＿＿＿＿＿＿＿＿＿＿＿＿＿＿＿＿＿＿＿＿＿
       （氏 名・名 称）  ＿＿＿＿＿＿＿＿＿＿＿＿＿＿＿＿＿＿＿＿＿＿

                                           5号様式
```

「書類の送達先を代理人とする申出書（5号)」の書き方

　この「書類の送達先を代理人とする申出書（5号)」は，「税務代理権限証書」や「代理人の選任届出書（3号)」等を提出して，審査請求に係る一切の行為を代理人に委任している場合に，国税不服審判所から送達等する書類の送達先に代理人宛を希望する場合に使用します。

　なお，「代理人の選任届出書（3号)」を提出した際に，送達先を代理人とする書類について既に記載している場合には，この申出書を提出いただく必要はありません。

・「総代の選任（解任）届出書」

【解説】 多数人が共同して不服申立てをするときは，3人を超えない範囲で総代を互選することができます（国通108①）。総代を選任する典型的なケースは，複数の相続人が相続税の課税価格の合計額や相続税の総額について，各相続人の相続税の更正処分について共同して審査請求を行うような場合です。

総代は，他の共同審査請求人のために，審査請求の取下げを除き，審査請求に関する一切の行為をすることができます。

http://www.kfs.go.jp/system/papers/02pdf/06.pdf

「総代の選任（解任）届出書（6号）」の書き方

この「総代の選任（解任）届出書（6号）」は，国税通則法第108条第1項に基づき，総代を選任又は解任する場合に使用します。

1 「選任」又は「解任」の記載及び「に選任」又は「から解任」の記載については，不要な記載を二重線等で抹消してください。
2 総代の選任等は互選によることから，「審査請求人」欄には，総代を含めた審査請求人全員の住所・所在地及び氏名・名称を記載してください。なお，「審査請求人」欄が不足する場合は，別紙を作成の上，添付してください。
3 総代に複数人（3人を超えない総代を選任することができます。）を選任する場合には，全ての総代を「総代」欄の「氏名・名称」欄に記載してください。

第5部 様式編

・「担当審判官の指定通知」

【解説】 形式審査が終了すると，担当審判官，参加審判官及び分担者が決められ，当事者双方に通知があります。
分担者（職名は，国税審査官）は，合議体の構成員ではありませんが，担当審判官の命を受けて，事件の調査に従事し，面談や口頭意見陳述等の手続きにおいて，審判官を補佐します。
なお，この様式は，審判所のホームページ等では公表されていません。

審
平成　　年　　月　　日

〒□□□-□□□□
（住所・所在地）

（氏名・名称）

　　　　　　　　　　　　　　様

　　　　　　　　　　　　　　　　　国税不服審判所
　　　　　　　　　　　　　　　　　首席国税審判官　　㊞

担当審判官等の指定について

　平成　　年　　月　　日にされた審査請求についての調査及び審理を行わせるため，別紙の者を担当者として指定したので通知します。

（審査請求人用）　　　　　　114号様式（その1）

・「反論書及び証拠書類等の提出について」
【解説】審判所は,原処分庁の答弁書副本を請求人に送付したとき(又は後)に,この「反論書及び証拠書類等の提出について」も請求人に送付します。
　請求人は,答弁書に記載された原処分庁の主張に対して反論がある場合には,ここに記載された期日までに反論書を提出することができます。指定された期日に間に合わないときは,担当審判官に相談しましょう。
　なお,この様式は,審判所のホームページ等では公表されていません。

〒□□□-□□□□
（住所・所在地）

審
平成　年　月　日

（氏名・名称）

　　　　　　　　　　　　　様

　　　　　　　　　　　　　　　　国税不服審判所
　　　　　　　　　　　　　　　　担当審判官　　㊞

反論書及び証拠書類等の提出について

　平成　年　月　日に収受した審査請求書に係る事件について、平成　年　月　日付　第　号により答弁書副本を送付いたしました。
　つきましては、国税通則法第95条第1項の規定による反論書又は同法第96条第1項の規定による証拠書類若しくは証拠物を提出することができますので、反論書等を提出される場合には、平成　年　月　日までに提出されるようお願いします。
　なお、証拠書類等を提出する場合は、同封の「証拠説明書」を併せて提出してください。

※ 連絡担当者　審判　部第　部門　　電話　　－　　－　　内線

（審査請求人用）　　　　　　118号様式

第5部　様　式　編

・「証拠説明書」と記載例
【解説】審判官に対して証拠を提出する場合，その証拠によって何を立証しようとしているのかを明らかにするための書類です。
http://www.kfs.go.jp/system/papers/02pdf/10.pdf

平成　　年　　月　　日

（審査請求人名）：＿＿＿＿＿＿＿＿＿
（提　出　者）：＿＿＿＿＿＿＿＿＿

証　拠　説　明　書

番号	文書等の名称	作成年月日	作成者	立　証　趣　旨
1				
2				
3				
4				
5				
6				
7				
8				
9				
10				

10号様式

　この「証拠説明書（10号）」は、国税通則法第96条第1項の規定に基づき、審査請求人又は参加人が担当審判官に対して証拠書類又は証拠物を提出する場合に、それらと併せて立証趣旨を明らかにするために使用します。
　作成に当たっては、【記載例】を参考に記載してください。

【記載例】

平成 ●● 年 ●● 月 ●● 日

(審査請求人名) ： ●● ●●
(提 出 者) ： ●● ●●●

証　　拠　　説　　明　　書

番号	文書等の名称	作成年月日	作成者	立　証　趣　旨
1	請求人の●●銀行●●支店の預金通帳の写し	平成●●年●月●日	●●銀行	請求人の平成●●年の入出金の状況
2	売買契約書の写し	平成●年●月●日	請求人 大蔵太郎	請求人が、平成●年●月●日、契約書記載の土地を●●●万円で、大蔵太郎に売却した事実
3				
4				
5				
6				
7				
8				
9				
10				

10号様式

第5部　様式編

・「口頭意見陳述の申立書」
http://www.kfs.go.jp/system/papers/02pdf/14.pdf

平成　　年　　月　　日

口頭意見陳述の申立書

　　　　　国税不服審判所
　　担当審判官　　　　　

審査請求人（参加人）
（住所・所在地）〒　　―

（ふりがな）（　　　　　　　　　）
（氏名・名称）　　　　　　　　　㊞
（法人の場合、法人番号）

（法人の場合、代表者の住所）〒　　―

（法人の場合、代表者の氏名、ふりがな）
（　　　　　　　　　）
　　　　　　　　　㊞

代理人
（住所・所在地）〒　　―

（ふりがな）（　　　　　　　　　）
（氏名・名称）　　　　　　　　　㊞

　平成　　年　　月　　日に収受された審査請求書に係る事件について、国税通則法第95条の2の規定に基づき、口頭で意見を述べる機会を設けるよう申し立てます。
　なお、原処分庁に対する質問の有無等については、下記のとおりです。

記

1　原処分庁に対する質問の有無
　□　有　※　原処分庁への質問を希望される方は、事前に質問事項の提出をお願いします。
　□　無
2　原処分庁職員の出席（上記1で「無」を選択した場合）
　□　出席を希望する
　□　出席を希望しない

※　国税通則法第109条に規定する参加人がこの申立てを行う場合には、次の欄に審査請求人の氏名等を記載してください。
　（住所・所在地）　　　　　　　　　　　　　　　
　（氏名・名称）　　　　　　　　　　　　　　　

　この「口頭意見陳述の申立書（14号）」は、国税通則法第95条の2の規定に基づき、担当審判官に対して口頭意見陳述を申し立てる場合に使用します。

1　代理人が提出する場合は、審査請求人又は参加人の押印は必要がありません。
2　「1　原処分庁に対する質問の有無」欄
　　原処分庁に対する質問の有無について、いずれか該当する□に✓を付してください。
3　「2　原処分庁職員の出席（上記1で「無」を選択した場合）」欄
　　原処分庁職員の出席の希望について、いずれか該当する□に✓を付してください。

・「閲覧等の請求書」
http://www.kfs.go.jp/system/papers/02pdf/16.pdf

```
                                            平成　　年　　月　　日

              閲　覧　等　の　請　求　書

_____国税不服審判所
担当審判官_____

                          審理関係人（審査請求人、参加人、原処分庁）
                          （住所・所在地）〒　　　－

                          （ふりがな）（　　　　　　　　　　　）
                          （氏名・名称）                        ㊞
                          （法人の場合、法人番号）
                          |　|　|　|　|　|　|　|　|　|　|　|　|　|
                          （法人の場合、代表者の住所）〒　　　－


                          （法人の場合、代表者の氏名、ふりがな）
                          （　　　　　　　　　　　）
                                                        ㊞

                          代理人
                          （住所・所在地）〒　　　－


                          （ふりがな）（　　　　　　　　　　　）
                          （氏名・名称）                        ㊞

    平成　　年　　月　　日に収受された審査請求書に係る事件について、国税通則法第97条
  の3の規定に基づき、下記のとおり、閲覧（又は写しの交付）を請求します。

                                記

  1  閲覧等を求める書類その他の物件の名称
     （閲覧等を求める書類等の特定に当たってご不明な点は、担当審判官にお尋ねください。
     また、この用紙に記載しきれないときは、適宜の用紙に記載して添付してください。）

  2  閲覧等の実施方法
     □　閲覧　　　　　　□　写しの交付
     ※　閲覧をした後に、必要な書類等の写しの交付を求めることもできます。

  3  写しの交付を求める場合における交付の方法
     (1) □　片面　　　　　□　両面
     (2) □　直接交付　　　□　郵送

  ※  原処分庁又は国税通則法第109条に規定する参加人がこの請求を行う場合には、次の欄に
      審査請求人の氏名等を記載してください。

     （住所・所在地）_____

     （氏　名・名　称）_____

  ※  閲覧（又は写しの交付）によって入手した書類等は、国税通則法第97条の3の
      目的及び趣旨に反した使用はしないでください。
```

この「閲覧等の請求書（16号）」は、国税通則法第97条の3の規定に基づき、担当審判官に対して、同法第96条第1項若しくは第2項に規定する証拠書類等又は同法第97条第1項第2号に規定する帳簿書類等について、閲覧又は写しの交付を求める場合に使用します。

1　審理関係人（審理請求人、参加人、原処分庁）の記入に当たっては、括弧内の該当箇所に○を付してください。
2　代理人が提出する場合は、審査請求人又は参加人の押印は必要がありません。
3　写しの交付には手数料が必要となります。手数料については、対象文書の枚数等により異なるため、後日、連絡します。（国税通則法施行令第35条の2）

第5部 様　式　編

```
                                        平成　　年　　月　　日

                  質問、検査等を求める旨の申立書

    ＿＿＿＿＿国税不服審判所
        担当審判官 ＿＿＿＿＿

                          審理関係人（審査請求人、参加人、原処分庁）
                          (住所・所在地)  〒　　－

                          (ふりがな) (                              )
                          (氏名・名称)                              ㊞
                          (法人の場合、法人番号)

                          (法人の場合、代表者の住所)  〒　　－

                          (法人の場合、代表者の氏名、ふりがな)
                          (                                        )
                                                                  ㊞

                          代理人
                          (住所・所在地)  〒　　－

                          (ふりがな) (                              )
                          (氏名・名称)                              ㊞

    国税通則法第97条第１項第１号から第４号までに掲げる行為のうち、下記を求める旨申し
  立てます。
                              記

    求める行為（具体的な内容を記載してください。）
  ┌─────────────────────────────┐
  │                                                          │
  │                                                          │
  │                                                          │
  │                                                          │
  └─────────────────────────────┘

  ※　原処分庁又は国税通則法第109条に規定する参加人がこの申立てを行う場合には、次の欄に審査
      請求人の氏名等を記載してください。
      (住所・所在地) ＿＿＿＿＿＿＿＿＿＿＿＿＿＿＿＿＿＿＿＿＿＿
      (氏名・名称)  ＿＿＿＿＿＿＿＿＿＿＿＿＿＿＿＿＿＿＿＿＿＿

                                                      17号様式
```

「質問，検査等を求める旨の申立書（17号）」の書き方

　この「質問，検査等を求める旨の申立書（17号）」は，国税通則法第97条第１項の規定に基づき，審理関係人（審査請求人，参加人又は原処分庁）が，担当審判官に対して，他の審理関係人等への質問等を求める場合に使用します。
1　審理関係人（審査請求人，参加人，原処分庁）の記入に当たっては，括弧内の該当箇所に○を付してください。
2　代理人が提出する場合には，審査請求人又は参加人の押印は必要がありません。
3　「求める行為」欄については，質問，検査等の対象者（対象物）及び担当審判官に下記①から④のうち求める行為を具体的に記載してください。
　　ただし，審理関係人から申立てがあった場合でも，担当審判官が審理に必要がないと認めるときは当該申立てを採用しない場合があります。
　①　審査請求人若しくは原処分庁又は関係人その他の参考人に質問すること。
　②　①の者の帳簿書類その他の物件について，その所有者等に対し，その提出を求めること。
　③　①の者の帳簿書類その他の物件を検査すること。
　④　鑑定人に鑑定させること。

・審理の状況・予定表

【解説】「審理の状況・予定表」は，審理手続の透明性の向上の観点から作成されるものです。
　原処分庁と請求人の双方に原則として送付（交付）されますが，そのタイミングは，請求人面談終了後，主張が整理された頃，審理手続の終結が見込まれる頃など，事案によって異なります。また，事案の状況等によっては，送付（交付）されない場合もあります。
　なお，この様式は，審判所のホームページ等では公表されていません。

審

平成　　年　　月　　日

〒□□□-□□□□
（住所・所在地）

（氏名・名称）

　　　　　　　　　様

国税不服審判所
担当審判官　　　㊞

審理の状況・予定表の送付について

　同封しました「審理の状況・予定表」は，提出された審査請求について具体的な情報を適宜かつ適切に提供するため，答弁書・反論書・意見書等の主張に関する書面の提出状況，「審理の状況・予定表」の作成時点の争点〔主張〕，調査・審理の状況，今後の予定などを記載しています。
　内容を御確認いただき，お気付きの点又は御不明な点がありましたら，連絡担当者宛に平成　　年　　月　　日までに御連絡ください。

※ 連絡担当者　　審判　　部第　　部門　　　　電話　　-　　-　　　内線

（審理関係人用）　　　　　　134号様式

第5部　様　式　編

審理の状況・予定表

平成　　年　　月　　日現在

1　主張に関する書面の提出状況

審査請求人					原処分庁				
審査請求書	平成	年	月	日提出	答弁書	平成	年	月	日提出
反論書①	平成	年	月	日提出	意見書①	平成	年	月	日提出
反論書②	平成	年	月	日提出					
					意見書② 提出依頼中	〔提出期限 　平成　年　月　日〕			

2　現時点の争点等

3　調査・審理の状況

4　今後の予定・計画

（注）主張に関する書面や証拠書類等の提出状況、当審判所の調査・審理の状況等により、計画どおりに進行しないこともあります。

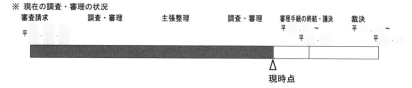

※　現在の調査・審理の状況

△現時点

┌──────────────────────────────────────┐
│この審理の状況・予定表は、進行状況を一覧できるように作成することとし、審査請求人及び│
│原処分庁と国税不服審判所との認識を共通にするために交付するものです。　　　　　　　│
│　　　　　　　　　　　　　　　　　　　　　　　　　担当審判官　　　　　　　　　　│
└──────────────────────────────────────┘

32号様式

・争点の確認表

【解説】合議体の審理の終結前に原処分庁と請求人の双方に原則として送付（交付）されます。

　この書面は，それまでに双方が主張した内容を担当審判官において争点ごとに対比させる形式で整理したもので，審査請求の結論（裁決書）における双方の主張欄に入るものと，基本，理解して差し支えありません。

　したがって，この「争点の確認表」を受領した段階で，それまでの主張が正しく理解されていない，主張を変更する（あるいは撤回や追加する）等の場合は，指定された期限までに審判官に申し出る必要があります。

　実際に，筆者らが審査請求の代理人として経験したこととしては，この争点の確認表に記載された「争いのない事実」の欄に，当事者が「争っている事実」が記載されていたり，一番重要だと考えていた主張がすっぽり抜けていたりといったケースがありました。何も申し出ないと，そのままの状態で審理が終結されて，結論が出されてしまいますので，要注意です。「争点の確認表」は，最も慎重に内容を確認すべき書面といえます。

　加筆修正してもらいたい内容は，書面で提出するほうがベターです。ただし，審判官は，あくまで争点の整理や確定のためにこの書面を作成するものですから，申し出た内容通りに修正されるとは限りません。

　主張の再整理が行われた場合には，変更後の「争点の確認表」が交付されることにはなっていますが，審理スケジュール等の都合で交付されない場合もあります。

　なお，この様式は，審判所のホームページ等では公表されていません。

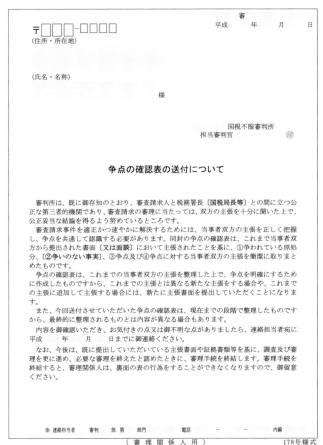

第5部 様式編

争 点 の 確 認 表

平成　年　月　日現在

審査請求人　　　　　　　　　　　　　　　　　　**原処分庁**

1　**争われている原処分**

2　**争いのない事実**

3　**争点**
　　争点(1)
　　争点(2)

4　**争点に対する当事者双方の主張**
　　争点(1)

審　査　請　求　人	原　処　分　庁

　　争点(2)

審　査　請　求　人	原　処　分　庁

24号様式

平成　年　月　日

審査請求の取下書

国税不服審判所長

審査請求人
(住所・所在地) 〒　　－

(ふりがな)（　　　　　　　　　　　　）
(氏名・名称)　　　　　　　　　　　　㊞

(法人の場合、法人番号)

(法人の場合、代表者の住所) 〒　　－

(法人の場合、代表者の氏名、ふりがな)
（　　　　　　　　　　　　）
　　　　　　　　　　　　㊞

代理人
(住所・所在地) 〒　　－

(ふりがな)（　　　　　　　　　　　　）
(氏名・名称)　　　　　　　　　　　　㊞

国税通則法第110条の規定により、下記の審査請求を取り下げます。

記

審査請求
1　原処分

2　審査請求書の収受年月日　　平成　　　年　　　月　　　日

20号様式

「審査請求の取下書（20号）」の書き方

　この「審査請求の取下書（20号）」は、審査請求人が国税不服審判所長に対して審査請求を行っている場合に、国税通則法第110条の規定に基づき、当該審査請求を取り下げる場合に使用します。
　「1　原処分」欄には、この取下書により審査請求を取り下げる処分名を記載してください。
　例：平成○年○月○日付の平成×年分所得税の更正処分及び過少申告加算税の賦課決定処分
　　　平成○年○月○日付の自平成○年○月○日至平成○年○月○日及び平成○年○月○日付の自平成○年○月○日至平成○年○月○日事業年度分法人税の重加算税の各賦課決定処分
　（注）代理人が提出する場合には、国税通則法第107条第2項に規定する「特別の委任」（「代理人に特別の委任をした旨の届出書（4号）」の提出）が必要となります。

索引

【索引】

あ行

異議申立て／4
意見書／60
意見陳述の機会／136
違憲立法審査権／29
一般法原則／14
一般法と特別法／3
違法／12
違法性の承継／16，17，101
訴えの利益／20
閲覧等の請求／123
閲覧等の請求書／183
延滞税／94

か行

外局／31
介護保険／36
開示決定／34
開示請求／34
課税処分の無効／17
課税要件事実／113
換価／94，106
間接証拠／127
還付金の充当／94
還付金の振込通知／94
議決／64
客観的不服申立期間／41
（求）釈明／61
教示文／34，53
行政救済法／8
行政作用法／8
行政事件訴訟法／8
強制執行／96
行政処分の効力／9
行政組織法／8
行政庁／6，31
行政手続法／8

行政不服審査会／30
行政不服審査法／8
行政法／8
経験則／126，127
形式審査／57
原告適格／19
原処分庁／7
源泉所得税の納税告知／94
合議体／58
公定力／10
口頭意見陳述／62，132
口頭意見陳述の申立書／182
口頭弁論／173
公売公告／94
公売の通知／94
交付送達／46
交付要求／94，106
国税訟務官／173
国税通則法99条の手続／28
国税に関する法律に基づく処分／22
国家賠償請求訴訟／166
固定資産税評価委員会／81

さ行

裁決／65，71
裁決・答申データベース／36
裁決要旨検索システム／111
最高価申込者の決定／94
最高価申込者の決定通知／94
財産調査／93
再審査請求／4
再調査の請求／4
裁判所書記官／174
裁判所調査官／174
裁判の管轄／172
裁量権の濫用／13
差押え／93，106

索引

差押財産の換価の停止／97
差置送達／46
参加差押え／94
参加審判官／58
参加人／132
事実行為／11，19，20
事実誤認／147
事実認定／126，158
事実認定の誤り／12
執行不停止の原則／95
執行不停止の例外／97
執行力／10
実体の違法／12
質問，検査等の申立て／63
質問，検査等を求める旨の申立書／137，162
質問応答記録書／120，158
質問検査権等／160
質問顛末書／158
釈明陳述録取書／61
主観的不服申立期間／41
主張制限／92，99
主張と証拠／64
主任の大臣／31
順点配布／58
上級行政庁／7
消極証拠／130
証言の信用性判断／129
証拠書類等の閲覧・写しの交付請求／63
証拠説明書／180
情報公開・個人情報保護審査会／34
訟務検事／174
除斥期間／41
職権探知主義／26
処分／6，18
処分証書／128
処分庁／7
書面主義／132

所有権界／87
書類の送達先を代理人とする申出書／176
自力執行／96
自力執行力／10
信義則（信義誠実の原則）／14
審査請求／4
審査請求書／68
審査請求の利益／20
審査の申出／31，81
申述／61，128
審理員／32，70
審理員意見書／71
審理関係人／134
審理手続の終結／63
審理の状況・予定表／62，185
生活保護／34
請求人面談／61
請求の趣旨／173
正当な理由／43
税務訴訟／164
積極証拠／130
先行処分と後続処分／16
総額主義／27，110，113
送達／45，104
争点／144
争点主義／27，110，113
争点主義的運営／26
争点整理表／140
争点の確認表／62，187
訴額／171
訴状／172
租税債務不存在確認訴訟／167

【 た 行 】

第三債務者／100
第三者機関／32
対審（構造）／135
滞納処分／92，97

索引

滞納処分の続行の停止／97
単純無申告犯／154
担当審判官／58
調査拒否／160
徴収の猶予／97
徴収の猶予の申立て／98
徴収吏員／102
直接証拠／127
陳述書／159
通知を受けた日／42
手続の違法／12
当事者訴訟／166
当事者適格／19
答述／61，128
答申／71
同席主張説明／133
答弁書／59，173
督促／93
取下げ／170
取立て／106
取立権／94

● は 行

売却決定／94
配当／106
発問権／134
反論書／59
筆界／87
標準審理期間／25
不可争力／10
不可変更力／10
不作為／7，19
不作為違法確認訴訟／167
不作為庁／7
不当／14，27
不服／18
不服申立て／2
不服申立期間／39，41
不服申立適格／19，22，132

不服申立ての期限の特例／42，98
不服申立ての利益／21，22
不服申立前置主義／24
文書提出命令の申立て／123
弁明書／70
法規・審査／65
報告文書／128
法的三段論法／126，140
法律と法／9
法令解釈・適用の誤り／12
補佐人／170
補佐人税理士／174
補充送達／46
補正要求／57
保有個人情報開示請求書／122
本案前の主張／168

● ま 行

見積価額の決定，公告／94
民事訴訟／164
面談／133

● や 行

やむを得ない理由／43
要件事実／130
預金払戻請求権／102

● ら 行

立証責任／126，130
理由の差替え／110
理由の附記／110

＜著者プロフィール＞

◇**佐藤　善恵**（さとう　よしえ）：https://www.yoshie-sato.com/
平成14年（2002年）　税理士登録
平成18〜20年（2006〜2008年）　同志社大学大学院総合政策科学研究科非常勤講師
平成22〜26年（2010〜2014年）　大阪国税不服審判所　国税審判官
平成25年（2013年）〜大阪市行政不服審査会委員（会長代理・税務第一部会部会長）
京都大学MBA，京都大学法学研究科博士後期課程単位取得満期退学
[主な著書]
『判例・裁決から見る加算税の実務』（税務研究会出版局），
『実務に役立つ法人税の裁決事例選』（清文社）　他

◇**塩津　立人**（しおつ　たつひと）事務所HP：http://www.kitahama.or.jp/
北浜法律事務所・外国法共同事業　パートナー弁護士
平成14年（2002年）　3月　京都大学法学部卒業
平成15年（2003年）10月　弁護士登録（大阪弁護士会）
平成22年（2010年）　7月　金沢国税不服審判所　国税審判官
平成24年（2012年）　7月　大阪国税不服審判所　国税審判官
平成25年（2013年）　7月　弁護士業務復帰
平成28年（2016年）〜　大阪経済大学大学院非常勤講師
主な取扱分野：租税法務（調査立会い，争訟），企業法務（労働法務が中心），
　　M&A，その他争訟対応

元審判官が教える!!
国税・地方税の審査請求の実務
──知って得する審理プロセス──

平成30年11月15日　第1刷発行

著　者　佐藤　善恵・塩津　立人
発行所　株式会社　ぎょうせい

〒136-8575　東京都江東区新木場1-18-11
電話　編集　03-6892-6508
　　　営業　03-6892-6666
フリーコール　0120-953-431
URL：https://gyosei.jp

〈検印省略〉

印刷・製本　ぎょうせいデジタル㈱　　　　　　　　　　©2018　Printed in Japan
＊乱丁本・落丁本はお取り替えいたします。
ISBN978-4-324-10530-6
(5108450-00-000)
〔略号：審判国税地方税〕